中部卒業設計展

NAGOYA Archi Fes 2023 中部卒業設計展実行委員会 [編]

NAGOYA Archi Fes 2023

The theme of this exhibition is "tenkai".

JN055207

はじめに

　NAGOYA Archi Fes 2023（NAF2023）は「中部建築界の活性化」を理念として活動を続け、今年度で10年目を迎えました。今年度は中部地区内より11大学180名を超える学生が集まり、過去最大規模の団体となりました。そのような中で、NAFでは新しい委員会を設立し、より多くの地域企業と連携したプロジェクトを行ったり、コンペの共同参加、合宿の開催、コンペの開催、講習会の開催など、建築デザインの知見を深める活動を行いました。

　記念すべき10回目の開催となった中部卒業設計展は「展開」というテーマを掲げ、よりいっそう発展させていきたいという願いを込めました。

　審査方式は昨年度の方式を踏襲し、1日目、2日目を合わせて20名以上の審査員をお招きしました。各出展者が自身の作品についてしっかり述べる場を提供する、ほかにはない地方設計展ならではの設計展を学生全員で考え、開催に向け準備をしました。

　年としては節目の開催になりましたが、活動としては区切りをつけず、これからもNAFという団体が地域や大学の枠を超えて飛躍してくれることを願っています。

　今一度、出展者の皆様、協賛をしていただいた企業の皆様、運営に携わってくれた学生に心より感謝申し上げます。

NAGOYA Archi Fes 2023 代表
名古屋工業大学　谷藤 拓海

NAF2023 中部卒業設計展
作品集発行にあたって

　建築士をはじめとする、有資格者の育成を通して、建築・建設業界に貢献する——、それを企業理念として、私たち総合資格学院は名古屋の地で創業しました。それ以来、約44年間、建築関係を中心とした資格スクールとして、安心・安全な社会づくりに寄与していくことを会社の使命とし、事業を展開してきました。その一環として、建築に関係する仕事を目指している学生の方々が、夢をあきらめることなく、建築の世界に進むことができるよう、さまざまな支援を全国で行っております。卒業設計展への協賛やその作品集の発行、就職セミナーなどは代表的な例です。

　2014年3月にスタートしたNAGOYA Archi Fes中部卒業設計展も、今年で10周年を迎えました。本大会をまとめた作品集をつくるにあたり、「より多くの学生の方の作品を、より詳しく紹介する」という創立時の編集方針のもと、最優秀賞の作品を6ページ、優秀賞・2日目のファイナリストを4ページ、1日目の個人賞は1ページで紹介しています。その他の出展作品についても1／2ページにて掲載したほか、2日間の審査の模様を豊富な写真と文章で記録しているため、学生の方の設計意図や審査員の先生方の設計理念、審査のポイントなどを読み取ることができるでしょう。

　本設計展および本作品集が、中部地区に留まらず、全国の学生へ刺激を与えていく。設計展の立ち上げの時から見守ってきた、当社の中部卒業設計展への願いであります。

　近年の建築・建設業界は人材不足が大きな問題となっていますが、さらに、人口減少の影響から、社会の在り方が大きな転換期を迎えていると実感します。特に近年は、コロナ禍が明け、アフターコロナの社会に入る中、新しい生活や社会の仕組みが模索されております。そのような状況下で建築業界においても、建築家をはじめとした技術者の役割が見直される時期を迎えています。変革期にある社会において、本作品集が、建築に興味を持ち始めた若い人々の道標の一つとなり、また、本設計展に参加された学生の方々や本作品集をご覧になった若い方々が、時代の変化を捉えて新しい建築の在り方を構築し、高い倫理観と実務能力を持った建築家そして技術者となることを期待しております。

総合資格
代表取締役　岸 和子

「中部建築界の活性化」を理念に掲げ、学生の力で多岐にわたる活動を行うNAGOYA Archi Fes。2013年に立ち上がり、今年で記念すべき10年目を迎えた。節目の年であり、先への期待が高まる2023年のコンセプトは「展開」。会場の吹上ホールには、学生らしい自由でエネルギッシュな作品が並んだ一方で、学生の発想とは思えないほど奥深く、「建築」とは何かを考えさせられるような作品も。「展開」の意味である"開き・広げる"、"物事を次の段階へと進めていく"を感じさせるに十分な2日間となった。

目次
contents

大会概要
competition summary

【開催日程】

2023年3月14日(火)

9:00〜 9:15　開会式
9:15〜 9:50　グループディスカッション1
9:50〜10:00　休憩
10:00〜10:35　グループディスカッション2
10:35〜10:45　休憩
10:45〜11:20　グループディスカッション3
11:20〜11:30　休憩
11:30〜12:05　グループディスカッション4
12:05〜12:15　休憩
12:15〜13:15　自由巡回
13:15〜14:30　審査員投票・昼休憩
14:30〜15:00　開票・会場準備
15:00〜16:40　受賞作品プレゼンテーション(前半)
16:40〜16:55　休憩
16:55〜18:35　受賞作品プレゼンテーション(後半)
18:35〜18:45　休憩
18:45〜19:15　表彰・閉会式

2023年3月15日(水)

9:00〜 9:15　開会式
9:15〜11:05　プレゼンテーション＆質疑応答(前半)
11:05〜11:20　休憩
11:20〜13:10　プレゼンテーション＆質疑応答(後半)
13:10〜13:40　質疑応答
13:40〜15:10　審査員選考・昼休憩
15:10〜16:40　公開審査(前半)
16:40〜16:55　休憩
16:55〜18:25　公開審査(後半)
18:25〜19:10　表彰・閉会式

【会　　　場】

吹上ホール(名古屋市中小企業振興会館)
2階第1ファッション展示場・7階メインホール
名古屋市千種区吹上2-6-3

【賞】

1日目　個人賞(20点)
2日目　最優秀賞(1点)、優秀賞(2点)、個人賞(5点)

NAF2023 中部卒業設計展
総合司会を終えて

　やっとコロナ禍も落ち着きつつある中、今回も中部地方のさまざまな学校から約 90 作品の出品があり、NAF の会場は大変盛り上がっていました。私も 2 日間、迫力ある卒計の間をぐるぐる回る中で、各学校の個性なども感じながら多くの刺激を得ることができました。出展者も、多くの審査員と直接会話することができて充実した 2 日間であったのではないかと思います。

　審査 1 日目は 20 人の多様な審査員が魅力的でした。中部地方に作品のある建築家たちに加え、造園・ランドスケープ・町づくり・資材循環などさまざまなプロフェッショナルの審査員が集いました。グループに分かれて巡回し、比較的じっくりと話を聞きつつ作者と議論を行いました。作品には、極めて良く表現されているものと、表現しきれていないものがあるものですが、本人や各審査員の話をじっくりと聞く中で、本人たちが 1 年間何に向かって試行錯誤を行ってきたのかが伺われ、胸を熱くさせられました。専門の違う視点から多角的に論評される点が面白く、議論からさまざまな作品がピックアップされ、有意義な学びの場でした。

　2 日目は、山本先生、宇野先生、藤村先生、榮家先生、満田先生という非常に迫力ある審査員がそろい、ファイナリストとしてバリエーションに富んだ 8 作品が選出されました。選出された 8 作品を個人的にざっくりと分けてみると、「人の行動と交流に大いに期待し、それを建築に取り込もうとする計画」「地域文化を成す、風景や産業遺構の価値を見出し再定義するもの」「デザインの方法論を新たに構築せんとするもの」「資源の循環的活用と都市をあつかうもの」などが見られました。審査員は、これら 8 作品をバラバラに扱うのではなく、評価軸に共通性と多様性を持たせながら同じ土俵の上で論じておられ、百戦錬磨の先生方の清々しい公平さを感じました。

　そして、建築を実現に向い最後まで "形" にしていこうというメッセージが込められている選出であったことにも共感いたしました。

　個人的に、NAF の展示は毎年目を通していますが、コロナ禍で行動可能範囲が狭まっていたこともあるのでしょうか。この数年は地域的な課題（地元）に対峙して落ち着いてじっくりと取り組む作品が増えてきたように感じます。それは中部地方の実直で良い面であると受けとめる一方、来年からはコロナも落ち着いてきたので、再び活動範囲を広げ、さまざまな方面・社会の動向・世界の様子などに目を向けてさらに発展的な卒計が生み出されていくことを期待します。

　最後に、10 年間代替わりをしながらも、これだけの大変な審査会を運営し続けてきた NAF 学生メンバーの凄さを感じる大会でした。

　今後も NAF がますます盛り上がるのを祈念して！ありがとうございました。

総合司会

名城大学教授　生田 京子

会場審査 1日目｜3月14日（火）

1.グループディスカッション

審査員2人に対して出展者を割り振り、学生と審査員が一緒になって作品の講評をする。1人当たり8分の時間が充てられ、メンバーを入れ替えながら4ターム行う。

2.自由巡回

ディスカッションを行っていない作品を中心に各審査員がそれぞれ展示会場を自由に巡り、プレゼンテーション、質疑、講評を自由に行う。

3.投票

グループディスカッションの有無に関わらず、審査員20名の各個人賞を出展作品の中から投票によって決定する。

4.受賞作品プレゼンテーション

受賞者は全体に向けて各々3分のプレゼンテーションを行う。投票した審査員が6分の講評を行う。

会場審査 2日目｜3月15日（水）

1.プレゼンテーション

5名の審査員が別々の順路で会場を巡回する。出展者は各審査員に90秒のプレゼンテーションを行い、30秒の講評を受ける。全作品巡回後、審査員の自由巡回と質疑応答を経て、審査員投票によりファイナリスト8名を選出する。

2.公開審査

ファイナリスト8名と審査員の質疑応答、ディスカッションにより、最優秀賞1点、優秀賞2点を選出。また5名の審査員の各個人賞を、ファイナリスト選外を含む全出展者の中から選出。

NAF2023 中部卒業設計展
審査を終えて

　1968 年に大学を卒業した。建築史研究室に在籍していたので、卒業設計ではなくて論文で卒業した。「装飾論」をテーマにしたいと言ったら、指導教授の小林文次先生からジョン・ラスキンを読めと言われた。『ヴェネツィアの石』や『建築の七灯』などを読んだけど、まるで歯が立たない。当時の岩波文庫は、読者の歯が立たないように編集されていたと、今でも僕はそう信じている。だから原文の英語でも読んだ。もっと歯が立たない。

　そこで、ラスキンが分かるための本を読んだ。産業構造とデザインは関係があるということを『インダストリアル・デザイン』というハーバード・リードの本から学んだのだけれども、結果的にその本の批判が僕の卒論になった。装丁もがんばった。ラスキンから離れてしまったその論文を小林先生から褒められて、めちゃ嬉しかった。達成感があった。

　自分の作品を初めて社会に向かって問いかけるのが、卒論であり卒計である。指導する先生はそれを助けてくれるが、それもその先生の能力の範囲内である。先生の指導に十分に耳を傾けることが大事だけど、それを超えて社会に問いかけねばならない。この中部卒業設計展はこれからみんなが社会に受け入れられるかどうか、その最初の難関である。

　最優秀賞になった﨑田真一朗の作品は、最初の発想から、最後のプレゼンテーションまで、手順を踏んでそのプロセスを説明することができている作品だった。十分なリアリティーもある。外への広がりがもう少し説明があってもよかったが、十分に社会的な作品に仕上がっている。

　優秀賞の西尾依歩紀の「まちを溜める」は、着眼点がいい。初夏はため池に水が張られる。秋冬は水がない。その季節によって変化するため池の町を、季節ごとに快適な環境にしようとする提案である。季節ごとに変化する町である。雨期と乾期で変化する町は世界中にたくさんの例があるが、これだけで多くの観光客が来そうだ。

　もう一つの優秀賞の石原大雅の作品は牛舎の再生によって町おこしをしようとする作品である。廃屋になってしまった牛舎を再生して、さらにそれをいくつもつくって牛舎の都市をつくる。それだけで楽しい。

　卒論・卒計で考えたことは、その後も考え続けることになると思う。その時の疑問をずっとその後も、何年たってもその回答を求めるからである。それは自分の回帰する場所であり、そこから脱皮しようとする場所なのだと思う。

　最近、ラスキンを読んだ。あの時は手も足も出なかったけどラスキンを読んでおいてよかったと思った。今は十分に読むことができる。成長したと思った。

審査員長
東京藝術大学客員教授　山本 理顕

2023
3·14
TUE

審査委員紹介

The 1st day

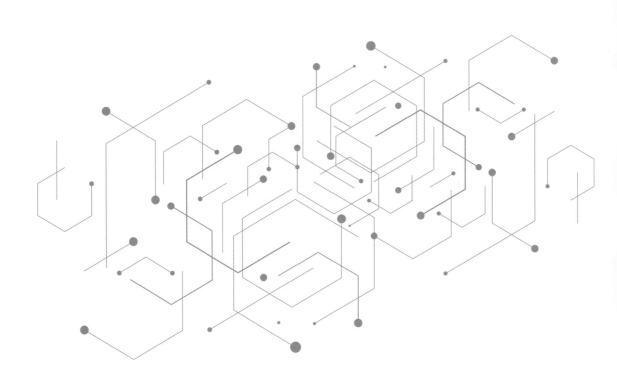

淺沼 宏泰 Hiroyasu Asanuma

スターツCAM
執行役員名古屋建設部部長

1972年愛知県生まれ。1995年名城大学理工学部建築学科卒業。現在スターツCAM執行役員名古屋建設部部長。スターツCAMの名古屋・大阪・福岡の西日本を管轄し、さまざまな用途や構造のプロジェクトに携わる。免震、モクビル、BIM-FMといった技術を用いて、社会のニーズに合った提案とデザインを実践。2021年鈴木禎次賞特別賞。

〈主な作品〉

©スターツCAM㈱

岡崎信用金庫資料館レトロフィット

東野 唯史 Tadafumi Azuno

ReBuilding Center JAPAN 代表

1984年生まれ。名古屋市立大学芸術工学部卒業。2014年空間デザインユニットmedicalaとして妻の華南子と活動開始。全国で数カ月ごとに仮暮らしをしながら「いい空間」づくりを理念に活動。2016年建築建材のリサイクルショップReBuilding Center JAPANを長野県諏訪市に設立。「Rebuid New Culture」を理念に掲げ、次の世代に繋いでいきたいモノと文化を掬いあげ、再構築し、楽しくたくましく生きていける、これからの景色をデザインする。
2018年パッシブハウスジャパン エコハウスアワード リノベーション賞。2019年グッドデザイン賞ベスト100。2020年DIA TOP10。

〈主な作品〉

live in sense

安藤 太地 Taichi Ando

類設計室企画部次長

1979年生まれ。2005年北海道大学大学院建築都市空間デザイン専攻修了後、類設計室入社。2018年より、東京大学大学院新領域創成科学研究科共同研究員。企業・大学のイノベーション拠点を強みに用途を問わずさまざまな案件を手掛けるとともに、建築の領域を超えた企業の共創コンサルや離島・地方創生活動を行う。コンペ・プロポーザルの推進役を担い、直近3年の勝率は7割。

〈主な作品〉

©近代建築社

AGC横浜テクニカルセンター SE1・SE2

市来 広一郎 Koichiro Ichiki

machimori代表取締役

1979年静岡県熱海市生まれ熱海市育ち。東京都立大学大学院理学研究科（物理学）修了後、3カ月のバックパッカーの旅を終え、IBMビジネスコンサルティングサービス（現、日本IBM）に勤務。2007年静岡県熱海市にUターンし、地域づくりに取り組み始める。地域資源を活用した体験交流ツアーによるまちづくりをプロデュース。2011年machimoriを設立。空き店舗にカフェやゲストハウス、コワーキング スペースを立ち上げて運営する等の取組みにより、熱海銀座エリアを空き店舗ゼロへと再生。熱海市の創業支援プログラム「99℃〜Startup Program for ATAMI 2030〜」や、大手企業向けの地域課題をテーマにした次世代リーダー人材育成研修、事業創出プログラムなどを実施。著書に「熱海の奇跡〜いかにして活気を取り戻したのか〜」（東洋経済新報社）。

〈主な作品〉

naedoco

伊藤 維 Tamotsu Ito

建築家 伊藤維建築設計事務所代表

1985年岐阜県生まれ。東京大学工学部建築学科卒業後、藤村龍至建築設計事務所、シーラカンスK&Hに勤務。2013年伊藤維建築設計事務所設立。2016年ハーバード大学デザイン大学院建築学修士課程修了。2017年Columbia GSAPP特任助教、ETH Zurich助手などを経て、帰国。現在、名古屋造形大学准教授。SDレビュー2021朝倉賞、AR Emerging Award 2022、WADA賞 2022などを受賞。

〈主な作品〉

©奥田正治

岐阜のいちご作業所・直売所・遊び場

稲垣 淳哉 Junya Inagaki

建築家　Eureka代表

1980年愛知県生まれ。2006年早稲田大学大学院修士課程修了。古谷誠章研究室にて、学校建築の設計、東・東南アジアの都市・集落のフィールドワーク、新潟・島根等の地域デザインに携わる。2009年Eureka設立。2014年JIA東海住宅建築賞 大賞、2017年グッドデザインベスト100、2020年土木学会デザイン賞奨励賞などを受賞。早稲田大学芸術学校、日本女子大学などで教育に関わる。Eurekaでは個人住宅から公共施設まで、建築を通じて持続可能で活力ある地域社会づくりを目指し、異分野共同を基点としたコレクティブな建築設計を行っている。

〈主な作品〉

©Ookura Hideki / Kurome Photo Studio

Silver Water Cabin

大野 暁彦 Akihiko Ono

ランドスケープアーキテクト SfG landscape architects代表取締役
名古屋市立大学大学院芸術工学研究科准教授

1984年生まれ。千葉大学大学院園芸学研究科博士後期課程修了。博士（農学）。登録ランドスケープアーキテクト。自然再生士。オランダ・OKRAに勤務（文化庁新進芸術家派遣制度）。現在、名古屋市立大学大学院芸術工学研究科准教授を務める。自然と人のダイナミズムが重なり合う「場」をカタチとともにデザインする。国土交通大臣賞、日本植木協会賞、グッドデザイン賞ほか、国内外受賞多数。

〈主な作品〉

ぶるーむの風

©Hajime Tanaka

神谷 勇机 Yuki Kamiya

建築家　1-1Architects主宰

1986年愛知県生まれ。2009年三重大学工学部建築学科卒業。2010年から2013年まで佐々木勝敏建築設計事務所。2014年1-1Architects（イチノイチ アーキテクツ）主宰。2014年から2016年までジンバブエ ハラレ技術工科専門学校講師（JICA/JOCV）。2017年から2021年まで名古屋造形大学非常勤講師。2018年から2021年まで愛知工業大学非常勤講師。2019年から2022年まで名城大学非常勤講師。

〈主な作品〉

©コンドウミカ

House OS 3つ屋根の下

河部 圭佑 Keisuke Kawabe

建築家　河部圭佑建築設計事務所代表

1991年愛知県名古屋市生まれ。横浜国立大学工学部建設学科建築学コース卒業、横浜国立大学大学院建築都市スクールY-GSA修了。2017年アトリエ・ワンでの勤務を経て、河部圭佑建築設計事務所を設立。2018年より、名古屋造形大学地域社会圏領域助手を務める。「長くて広い芸術」をテーマに、歴史的・文化人類学的文脈を内包する空間構築の研究と実践を行う。主な作品に、建築作品「名古屋みなとのアトリエ住居」「八寸勾配の見世」、アート作品「くしゃくしゃ構造の『洞窟』」「TOTEM」など。

〈主な作品〉

©きむたこはる

名古屋みなとのアトリエ住居

榊原 節子 Setsuko Sakakibara

建築家　榊原節子建築研究所代表

1970年愛知県生まれ。1993年名古屋大学経済学部卒業。2009年東海旅客鉄道（JR東海）、arte空間研究所を経て、榊原節子建築研究所を設立。建築は社会と向き合い、新しい価値観を生み出す存在であると信じている。建築の未来を描くことを目指して、日々設計に取り組む。SDレビュー2013朝倉賞ほか、多数受賞。

〈主な作品〉

©中山保寛

大開のアトリエ住居

嶋田 将吾 Shogo Shimada

清水建設設計部部長

1969年大阪府生まれ。1994年神戸大学大学院建築学専攻修了後、清水建設設計本部入社。商業施設、宿泊施設、教育施設、大型複合施設など幅広い用途の設計に携わる。最近では「東京スクエアガーデン」「四季劇場 春・秋」「横浜グランゲート」「渋谷フクラス」などを設計。主な受賞歴にグッドデザイン賞、JIA優秀建築選・環境建築賞、照明デザイン賞、BCS賞、日本空間デザイン賞など。

〈主な作品〉

©(株)ナカサアンドパートナーズ

渋谷フクラス

高橋 俊也 Shunya Takahashi

構造家　墓博士　高橋俊也構造建築研究所代表

1979年栃木県生まれ。2002年京都大学工学部建築学科卒業。2005年同大学大学院修士課程修了。2007年より、D環境造形システム研究所所員。2009年滋賀県立大学大学院博士課程修了。博士（環境科学）。集まって住まうかたちを、墓を通して解明する研究を続ける。構造設計の実務を経て、2014年に高橋俊也構造建築研究所を設立。主な構造設計に、「分割造替 金峯神社」（第5回高知県建築文化賞 高知県知事賞）。「西千代田町の家」、「タマディック名古屋ビル」ほか。

〈主な作品〉

撮影:川辺明伸

西千代田町の家

田中 義彰 Yoshiaki Tanaka

建築家　TSCアーキテクツ代表

1969年兵庫県生まれ。1993年三重大学工学部建築学科卒業。2008年ゼネコン設計事務所、中日設計を経て、TSCアーキテクツ設立。2019年から現在、愛知工業大学非常勤講師。住宅や医院建築の他、保育園や商業施設など多岐に渡って設計活動をしている。建築が寛容性を持ち、心地よい場が自然とある状態を創ることを目指している。JIA優秀建築選、デダロ・ミノッセ国際建築賞 審査員賞、愛知まちなみ建築賞ほか、多数受賞。

〈主な作品〉

©ToLoLo.studio

たけなか外科内科こどもクリニック

田畑 了 Satoru Tabata

造園家　園三代表

1975年岐阜県生まれ。京都造形芸術短期大学ランドスケープコース専攻科修了。2005年家業の造園会社に従事した後、GARDEN WORKS 園三を設立。住宅を中心に多くの建築家とコラボ。庭のデザイン、作庭を手掛ける。2008年に恩師、曽和治好氏と共にスーツケースに入れてどこにでも持っていける庭「デスクトップガーデン」を展開。2011年Milano Fuori Salone/Milano design weekにてデスクトップガーデンやインスタレーションを出展。2013年京都デザイン賞にて京都府知事賞を受賞。京都の集合住宅NISHINOYAMA HOUSEにて、建築家の妹島和世氏とコラボ。2016年園三設立。イタリア最大のガーデンショーオルティコラリオで金賞のLa Foglia D'oro Del Lago Di Como を受賞。

〈主な作品〉

©ToLoLo Studio

OOSU

長崎 勇佑 Yuske Nagasaki

波多野工務店住宅事業部設計部部長

1979年生まれ。2003年名古屋市立大学芸術工学部卒業、同大学大学院進学。設計事務所を経て、現在、波多野工務店マーケティング部及び住宅事業部設計部部長。主に個人住宅の設計に従事。住まい手の「暮らし」に焦点を当てた設計を心掛けている。

〈主な作品〉

©堀宏之(BORA)

5層の家

中畑 昌之 Masayuki Nakahata

KARMAN STUDIO主宰
LUCKYDROPS代表取締役

1979年静岡県生まれ。2004年東京理科大学理工学部建築学科卒業。2006年同大学大学院理工学研究科修士課程修了。2007年University College London The Bartlett school of Architecture M.Arch 留学。2008年東京理科大学理工学部建築学科 助教(-2011)。2011年htmn共同主宰(-2014)。東京理科大学創域理工学部建築学科 非常勤講師。

〈主な作品〉

© YOHEI SASAKURA

空蝉の家

彦坂 昌宏 Masahiro Hikosaka

建築家 彦坂昌宏建築設計事務所代表

1965年愛知県生まれ。1989年早稲田大学理工学部電気工学科卒業。1992年同大学理工学部建築学科卒業。1994年同大学大学院修士課程修了。アルテック建築研究所、DAT/都市環境研究室を経て、1998年彦坂昌宏建築設計事務所設立。2011年中部建築賞入賞、2014年JCD Design Award Best100、2017年中部建築賞入選、2018年中部建築賞入選、愛知県伝統的工芸品産業功労者表彰、2021年JIA東海住宅建築賞大賞。

〈主な作品〉

© MAMORU ISHIGURO

梅田の家

彌田 徹 Toru Yada

建築家 403architecture [dajiba]共同主宰

1985年大分県生まれ。2008年横浜国立大学建設学科建築学コース卒業。2011年筑波大学大学院芸術専攻貝島研究室修了。浜松にて403architecture[dajiba] 設立。2017年彌田徹建築事務所設立。2022年より渡辺隆建築設計事務所勤務。現在、静岡理工科大学、名城大学非常勤講師。静岡県浜松市を拠点に、建築をつくることとつかうことを行き来しながら、これからの建築や街のあり方を模索している。

〈主な作品〉

©kentahasegawa

東貝塚の納屋 The Barn of Higashikaizuka

碓井 将義 Masayoshi Usui

内藤建設営業部設計課課長

1981年石川県生まれ。2004年名古屋工業大学工学部社会開発工学科建築学系卒業。2006年名古屋工業大学大学院工学研究科社会工学専攻博士前期課程修了。2014年青島設計、山下設計を経て、内藤建設に入社。

〈主な作品〉

河合内科医院

生田 京子 Kyoko Ikuta

名城大学教授

1971年東京都生まれ。1993年早稲田大学理工学部建築学科卒業。早稲田大学大学院理工学研究科修了後、大林組にて勤務。2005年名古屋大学環境学研究科都市環境学専攻博士課程修了。現在、名城大学理工学部建築学科教授として活躍。建築の設計を通して「人と環境に呼応し、豊かで暮らしやすい社会を実現する」ことを大事にしている。日本建築学会奨励賞やSDレビュー鹿島賞、中部建築賞など多くの受賞歴。

〈主な作品〉

© Yusuke Sato

ものづくり創造拠点SENTAN

兼総合司会

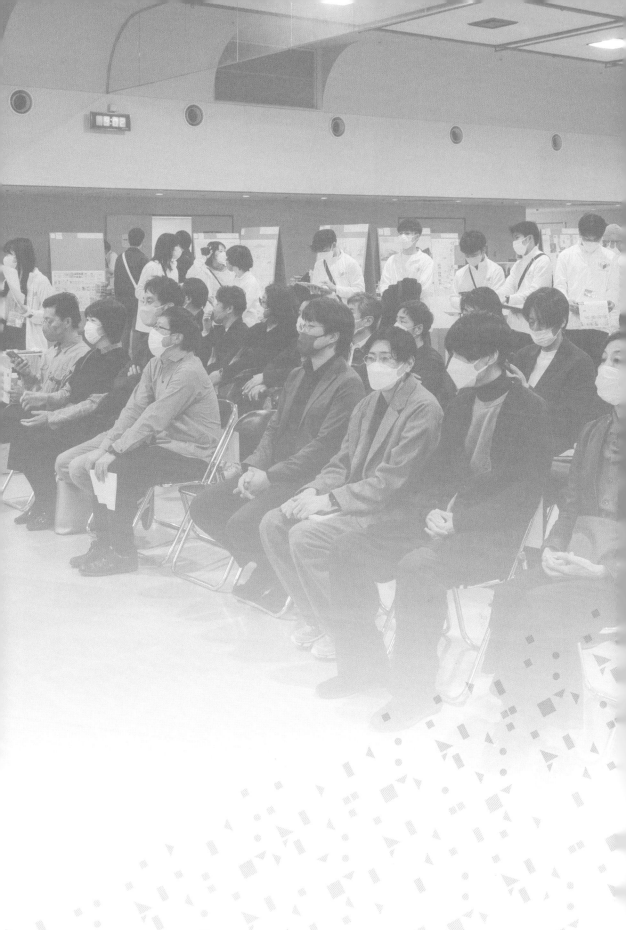

審査委員紹介
The 2nd day

審査員長

山本 理顕 Riken Yamamoto

建築家　東京藝術大学客員教授

1945年中国北京市生まれ。1971年東京藝術大学大学院美術研究科建築攻修了。1973年東京大学生産技術研究所原研究室を経て、山本理顕設計工場を設立。2002年日本建築学会賞作品賞「公立はこだて未来大学」。2008年BCS賞「横須賀美術館」。住宅や都市、社会を見つめ直し「地域社会圏」を提唱しながらさまざまな視点でコミュニティや暮らしを設計している。

〈主な作品〉

名古屋造形大学

The Circle at Zurich Airport

©大橋富夫

横須賀美術館

宇野 求 Motomu Uno

建築家　東京理科大学嘱託教授

1954年東京都生まれ。1978年東京大学工学部建築学科卒業。1984年同大学大学院博士課程修了、工学博士（計算機幾何学の応用研究）。大学院生時代から友人たちと設計組織アモルフを共同設立。実験的現代建築のプラクティス、建築学的多様性のリサーチ、フィールドワークを重ねつつ、専任で千葉大学、東京理科大学教授を歴任。非常勤で、北海道大学、慶應義塾大学大学院、昭和女子大学、東洋大学、名古屋大学大学院、広島大学、熊本大学ほかで講師を歴任。第1回SDレビュー入選、日本建築美術工芸協会（AACA）特別賞、グッドデザイン賞、日本建築学会作品選奨ほか受賞。

〈主な作品〉

撮影:中川敦玲

Villa Fujii

撮影:宇野求

四谷テンポラリーオフィス

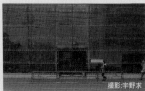

撮影:中川敦玲

豊橋東口駅前広場

榮家 志保　Shiho Eika

建築家　EIKA studio主宰

1986年兵庫県生まれ。京都大学工学部建築学科卒業。東京藝術大学大学院美術研究科建築専攻修了。Mimar Sinan Fine Arts University（トルコ イスタンブール）留学。2012年大西麻貴+百田有希/o+h（現在はパートナー）。2018年東京藝術大学建築科教育研究助手。2019年EIKA studio主宰。現在、関東学院大学、法政大学非常勤講師。主な担当作品に、『Good job!センター香芝』(2016)、『秋本邸』(2020)、『タイルビル』(2022)など。

〈主な作品〉

※1:大西麻貴+百田有希/o+hでの作品
※2:YHAD協働

©Yurika Kono
秋本邸

©Yoshiro Masuda
Good Job!センター香芝※1

©Yurika Kono
Bornrex office※2

藤村 龍至　Ryuji Fujimura

建築家　東京藝術大学准教授 RFA主宰

1976年東京都生まれ。2008年東京工業大学大学院博士課程単位取得退学。2005年よりRFA（旧、藤村龍至建築設計事務所）主宰。2016年より東京藝術大学准教授着任。2017年よりアーバンデザインセンター大宮（UDCO）ディレクター。公共施設の設計のほか、指定管理者として管理・運営も行う。自治体での街路・公園・河川などの公共空間を活用した都市再生事業、都市計画や施設管理関連の計画策定にも多く参画。主な著書に『批判的工学主義の建築』『プロトタイピング』『ちのかたち』ほか。

©Kenshu Shintsubo

〈主な作品〉

photo: Takumi Ota
すばる保育園

photo: Takumi Ota
H幼稚園保育所

photo: Anna Nagai
母の家

満田 衛資　Eisuke Mitsuda

京都工芸繊維大学教授

1972年京都府生まれ。1997年京都大学工学部建築学科卒業。1999年京都大学大学院工学研究科建築学専攻修了。佐々木睦朗構造計画研究所。2006年満田衛資構造計画研究所設立。2018年京都工芸繊維大学教授。主な受賞に、JSCA賞新人賞（中川政七商店新社屋）、日本構造デザイン賞（大阪府立春日丘高等学校創立100周年記念会館）、京都建築賞藤井厚二賞（House of Kyoto）、日本免震構造協会業績賞（関西大学第4学舎1号館増築および改修）など。

〈主な作品〉

photo:阿野大一
カモ井加工紙mt裁断棟

photo:KENTA HASEGAWA
伊方町観光交流拠点施設 佐田岬はなはな

同志社香里中学・高等学校 メディアセンター繋真館

　1日目は昨年に引き続き、20名の審査員のもとで設計展を開催。建築家はもちろん、ランドスケープアーキテクトや構造家、造園家など多彩な面々が集結した。

　まずは審査員2名に対し出展者を数名割り振り、学生と審査員が一緒になってグループディスカッションを実施。メンバーを入れ替えながら4ターン行い、そのうえで各審査員が、個人賞として1人を選出する。

　公開審査では最優秀賞などは決めず、個人賞に選ばれた20名の出展者がプレゼンをし、賞を与えた審査員が講評を行った。

▶ P.66

伊藤維賞

Project

大地を詠む 居場所を紡ぐ
— 大地と建築の差異に生まれる居場所へ導く —

ID001

柳町 一輝
Kazuki Yanagimachi

[信州大学]

伊藤：パネルで最も表現している提案は小さめで、その内容は既にとても良いという前提でのコメントですが、このあたりの提案はスケールがとても大きいですね。

柳町：ここでは地形を既存の建築でも大地として捉えることができるのではないかと考えました。大地を段階的に発展させています。

伊藤：この大きな提案のほうの模型はありますか？

柳町：模型はないのですが、図面で見せています。コンセプトとして、3つの開く操作というものを示しています。

伊藤：それがシェアハウスですか？

柳町：シェアハウスであり、旅館です。

伊藤：旅館でもあるのですね。

柳町：短期的な滞在と長期的な滞在の住み分けが可能です。

伊藤：旅館も村にあるのですか？

柳町：はい。同じ村の中に潜在している形です。

伊藤：広域の地図でそれぞれの提案の関係性が見たいですね。

柳町：今回は載せていませんが、配置図はあります。村自体がこのくらいの規模感で、人口4,000人ほどの中に点在させています。地形を捉えるために、村の代表的な地形を何個か選びました。

伊藤：なるほど。野沢温泉には村道はないのですか？

柳町：村道はない宿場町で、中継地点というかゴール地点のようなイメージです。

伊藤：古い家並みなどに対する応答はありますか？

柳町：旅館街があり、村に立ち並ぶ民宿の規模感を継承したり、あらゆる方向に降る雪を流すための屋根の形状や雪濠に気を遣ったりしました。

伊藤：屋根の形式など、村との関係をもっと知りたくなりますね。風景の多様性を基に考えられているところが良いなと思いました。作品全体の連続性を考えると、この大きな提案の部分の基礎と捉えられるのは何だろうかと疑問が湧いてきます。

柳町：この部分においては、既存の建築のRCの躯体が基礎になっています。

伊藤：そのRC躯体を地面・地形と見るならば、そこに対する手つきをどう捉えたらいいのでしょう？

柳町：こちらは、新しく手を加えるというより最小限の建築行為で魅力を引き出したいという思いがありました。元々の旅館としての文化などを尊重したかったので、旅館の居場所性を拡大してあげたいという考えが基になっています。

伊藤：よくわかりました。全体として、「基礎」あるいは「基礎と捉えている部分」が上部と良い意味でズレていることや、普通は建てられなさそうな場所に建っているところも良いですね。

柳町：なるほど。

▶ P.100

嶋田将吾賞

Project

住まいと商いの井戸端コンデンサー

ID010

西本 帆乃加
Honoka Nishimoto

[名城大学]

西本：これから都市に住み始める人が多い中、地元でおばあちゃんに連れて行ってもらった駄菓子屋やみんなで遊んだ公園といった、井戸端会議ができるようなやわらかい空間をよりたくさん都市に取り入れたいのです。ビルの中に閉じ込めてしまっている都会の賑わいを外に開放して、まちにも賑わいを広げていきたい。そこで対象となる敷地が長者町繊維街というところです。昔は商店街として発展していたのですが、今はシャッター街。けれども4つの駅に囲まれたまちというポテンシャルはありますし、住人の皆さんはもっと地元を盛り上げたいという思いを持って、芸術祭の時にシャッターアートなどを行っています。この区画の中に四方を向いたビル群があるのですが、そのビルを奥に伸ばして交差させるように設計しています。ビルを開放することでビルとまちの互いの賑わいを共有できる空間をつくり、さら

には人がビルの奥に流れてそこに留まれる空間もつくりたいという思いから「井戸端コンデンサー」というタイトルをつけました。今のチューブの状態だと、ビルの中がそのまま伸びているだけの空間に見えるかと思います。ですが、このように分解することで、別々のコミュニティや客を持つショップやオフィスが、それぞれの賑わいを共有し、視線を交わしながらつながって行く空間になると考えています。例えば、このホテルはまちとは全く関わりがなかったビジネスホテルですが、コンデンサーを挿入することでロビーが道側から内側へ回ったり、貸しテナントなどが入ったりします。泊まることを目的としない人も利用できて、もっと深くまちと関わられるビルとなっていきます。

嶋田：なるほど。これは既存のホテルですよね？ つなぐところは全て新築ですか？ 周りを少し残して、それをあえてつないで賑わいを見せていますよね。

西本：ここは1スパン分を壊しています。その分を奥に伸ばすことで、既存の店舗の必要面積を確保しています。

嶋田：それは良いですね。俯瞰して見ると、何となく賑わいがあって良いなと感じるのですが、まちなみについて何か考えていることはあるのでしょうか？

西本：まちなみから見ると、ビルのちょっとした隙間や上部から少しだけ見える空間が存在します。ビルの奥に何かが広がっているという誘惑で人々を中に入らせるのですが、ビルからの入り口もあれば、こういった隙間の駐車場から入る入り口もあります。そういった面で、ビルからアプローチする人もいれば、中に目的があって入って行く人もいます。

嶋田：用途としては、ショップであったり、レストランであったりということですか？

西本：用途は、例えばこのビル2棟はオフィスなのでオフィスを青で伸ばして、という感じです。

嶋田：面白いですね。

▶ P.67

神谷勇机賞

Project

山を建てる
― 消失した山の再編 ―

ID017

佐藤 直喜
Naoki Sato

［名古屋工業大学］

佐藤：山なのですが、人の入れる場所と植物が育つ場所を残土で振り分けることによって開かれた山です。

神谷：開かれた山にするための設計というのは何ですか？

佐藤：残土には元々、第一種と第二種があります。第一種は人が歩きやすい透水性のある残土ですが、第二種の泥土は水が入ると抜けづらいという性質があります。ただ泥土は、有機質のものを含んでいるので植物が育ちやすい。これに対して第一種は植物が全く育たないような残土です。それらを模型のように振り分けることによって、例えば赤く塗られているところには第一種を入れて雨が降っても歩きやすいようにするというような計画を進めていき、人が入る場所と植物が育つ場所を分けつつも両者が共存できるようにしています。

神谷：残土はどこから出るんでしたっけ？

佐藤：2030年までは、リニア中央新幹線の工事によって残土が大量に出ます。

神谷：工事の関係で出た残土をどこに捨てるかという問題を考慮したテーマということですね。

佐藤：そうです。

神谷：現在の計画地はどのような場所ですか？

佐藤：計画地は採土場で、山がどんどん削られている状態です。

神谷：削られてなくなっているところに盛るということですね？

佐藤：はい。現在、山の地質は粘性土で草も生えずに放置されている状態が続いているので。

神谷：その粘性土をぐちゃぐちゃに混ぜる。ここに残土を分けるということではないですか？ そもそも残土自体は、第一種だけで手に入れ

ることができるのですか?

佐藤:そういうわけではないんですけど。

神谷:自分で振り分けるのですか?

佐藤:そうですね。

神谷:それは技術的にどうやってやるのでしょう?

佐藤:計画地に元々陶器をつくるための工場があるので、そういった場所を利用して少しずつ土を振り分けていくという感じです。

神谷:すごいですね。

▶ P.108

東野唯史賞

Project

Kantaga地区再編計画
— 自立共生体のための循環的設計手法 —

ID018
新井 花奈
Kana Arai
[名城大学]

東野:この課題設定は良いと思います。地域の資源の中でという視点で考えられた、廃材を使ったアップサイクルやケージの考え方など、すごく良いですね。ウガンダやカンタガ地区の人たちが持つ根本的な課題を大きく3つ挙げていましたよね? 仕事がないことと居住環境が悪いこと。あともう一つは教育でしたっけ?

新井:そうですね。その3つのうちで解決したいこととしては、居住環境が悪いという部分。トイレを使って土壌改善をする計画をしているのですが、土壌改善によってできたバナナや竹などで商売を可能にします。商売ができる環境は増築の過程でつくっていくのです。増築工事を通して技術を身につけることで、経済的な自立を促していくということも考えています。

東野:技術というのは、集落から出ていった先で仕事を生み出していくためですか?

新井:そうです。

東野:トイレは当然、下水などがないと思うのですが、電気を使う浄化槽のようなものも入れられないのではないでしょうか?

新井:最初は地面に穴を掘るところから始めます。ここで使われる炭と落ち葉を入れて、微生物が生まれてくるような土壌をつくり、そのあとに大きな共有トイレをつくるのです。土の循環を促すように1つず

つ土を入れていって。

東野:模型はトイレの断面ですか?

新井:断面です。この模型がトイレで、こちらが土の場所。みんなで土を循環させられるバイオトイレのような場所を設計しました。

東野:そんなに大がかりでなくても、各家庭に一つコンポストトイレのようなものを置くといった考えでも大丈夫そうですね。

市来:卒業設計を実現させようと思ったときのハードルや課題などはありませんか?

新井:構造は先生と相談中です。外装材については少し難しいのではないかという点が出てきているので、いろいろ考えながら進めて上手くいけばやってみたいなと思います。

市来:技術的な面が課題ということですかね?

新井:はい。

東野:強度の点では成り立つのですか?

新井:竹筋コンクリートというものがありまして。

東野:引っ張りのほうですよね?

新井:はい。そこは大丈夫だと先生がおっしゃっていました。

東野:土は酸性ですよね。骨組み部分が鉄だと錆びやすくて劣化しやすいかと思うのですが、その点はどうでしょう?

新井:そうですね。そこは改善の余地がある部分だと思います。

東野:コンクリートはアルカリ性なので、鉄が中に入っていても大丈夫。それならば普通に竹を組んでしまったほうがいいのではないでしょうか?

新井:そうですね。

▶ P.68

生田京子賞

Project

思いが色づく街
— 0-22歳の軌跡を経て、23歳からのまちもり活動記録 —

ID019
恒川 奈菜
Nana Tsunekawa
[名古屋造形大学]

恒川:大学の課題のフィクション要素の多さに疑問を抱き、卒業制作では脚本や絵本を1からつくり、リアリティを求めたまちづくりをしたいと思い設計しました。プロットは0歳から22歳までの人生を落としこんでいます。

生田:人生を脚本にするのですか?

恒川:はい。23歳にこのまちにUターンしてきてまちづくりをするというのを、わかりやすく総括したのがこの絵本です。1カ月目から10年先までのストーリーと、どんなことをするかはこちらの資料に描かれています。例えば、1カ月目は地域の方と協力をして小学校の余った机や椅子を利用したまちづくりをまちの空いたスペースで行い、6カ月後には新しい水路をつくる工事や減りつつある畑や田んぼを復元する作業を行っていくというような形です。模型は白い部分が既存のもので、色がついた部分は新たに設計したもの。原色部分は実際に建てるときもその色のままです。公園の遊具のような存在にしたいというのが原色で塗った理由です。

生田：最初に小学校を持ち出すのはわかるのですが、その後に水路ができる理由は何ですか？

恒川：まち全体に田んぼを増やすという点から新たに水路をつくったほうが良いと考えました。

生田：水路をつくり終えたらどうなりますか？

恒川：この部分に広場が出来て、こちらにブースをつくるのですが、そこから流れた水が水路を伝って流れていき農業ができます。1年後にはもっとまち全体で行事を行う計画です。例えば合唱部の演奏や幼稚園児のお遊戯会ができる場所もつくりたいですね。

生田：手段としては、小学校の活用から始まって水路ができて、その次の舞台は水色の部分ですか？赤く塗られている場所は何でしょう？

恒川：アーケードになっています。

生田：紫の部分は何ですか？

恒川：住宅内にある空き部屋を利用して、下宿者たちの部屋にしたり賄い食堂をつくったりということを考えています。

生田：原色で塗られているのは、それらの利用手段を目立たせるためですか？

恒川：そうですね。それから、どこにどのように手を加えたのかをまちづくりを知らない人にもわかるように示すという意図もあります。そこから会話が生まれる可能性もあるのかなと考えました。

生田：よくわかりました。

▶ P.69

彌田徹賞

Project

火吹く嶽と共に生きる
― 女人堂・覚明堂再生計画 ―

ID020

安藤 大悟
Daigo Ando
[名古屋大学]

彌田：中通り形式はどのような形なのでしょう？

安藤：これが断面模型になっていて、ここから通っています。

彌田：建築の屋根はCLTの三角形で、このPCは斜面ですか？

安藤：そうです。上は三角で固定しているのですが。

彌田：山小屋ではないのですか？

安藤：避難小屋という扱いです。宿泊も可能ですが、管理人がいな

いので自分たちですべてやってくださいというスタイルの一時的な休憩小屋として考えています。

彌田：三角形のCLTで、分割して構造的に組み立てるというアイデアは合理的だなと思いました。この山の斜面は、やはり滑落しないようにしないといけないのでしょうね。

安藤：そうですね。

彌田：構法が大事だと思うのですが、パネルの種類が結構多いなと感じました。

安藤：現実的に考えると、種類を絞りPCでつくって運ぶほうが良いとは思います。ですが、そうするとどうしても形が制限されてしまうので、今回は種類を限定していません。スタディの中で選んで生まれてきた形が、ヘリコプターの最大重量に収まるようにしました。

彌田：これは最長何mですか？

安藤：4.5mから6.5mくらいで一番大きいです。

彌田：CLTはもっと大きいサイズをつくれますが、実際に山のふもとまでトラックを搬入しようとか、そういうことを考えるとこのぐらいになるのですか？

安藤：そうですね。これがCLTで、こちらはPC。現在ここに女人堂が建っているのですが、ヘリコプターが非常時・平常時に停まれる平地がすごく少ないので、ここを取り壊して一個下に建てる。取り壊したところを、例えば施工時の輸送用にヘリコプターが停まれる場所にするなど、平地を取り入れています。

彌田：この建築によって、御嶽山の状況の何が一番変わりそうですか？

安藤：女人堂と覚明堂のそれぞれに望む変化があります。山の八合目となると、元々はお祈りする登拝者と登山者しかいなかったのですが、最近は噴火について調べる研究者など火山に関係する人々も来るのです。すると、目的の異なる人々の交流が生まれるわけですが、あくまでそれぞれの拠点は残したまま、昔からある中通りという形式で人々をつなぎます。新しい形で中通り形式を復活させたという点が、御嶽山にとって一番魅力的な変化だと思っています。

彌田：非常にラフなプログラムですよね。どうして、中通り形式を使うことによって交流が生まれやすくなるのですか？

安藤：元々は目的が同じ人同士の交友関係しかなかった休憩場所に、登拝者と登山者といった普段相容れない人たちが話をする場をつくることができるのです。そういった交流の場をいろいろな斜面に取り入れて増やしていこうと考えています。

▶ P.104

榊原節子賞

Project

ユリイカ・フォークライフ

ID021

鳴瀧 康佑
Kosuke Narutaki

［名古屋工業大学］

稲垣：ここに敷地があるから、今こういう建築があると良いという提案ではないのですね？

鳴瀧：そうです。

稲垣：ちなみにどこですか？

鳴瀧：地元の小さなまちです。

稲垣：この一角に、衣食住が近接していることが断片的に説明されていますね。集落とは別に、本当に集まって暮らしている場所であることは間違いないのですか？

鳴瀧：はい。ブドウ畑があったり、焼き杉が使われている住宅があったり、周辺のさまざまなコンテクストを使って設計をしています。

稲垣：このユリイカというものを、何かに着目し、そこから建築・住空間という静物に対して成り立ちを定義できるデザインを規定してつくったという点は、極めてロジカルなアートワークだと思います。とはいえ、現実の社会に対して解剖的に建てなければならないという投げかけであり、プロジェクトでもある。セットはできたものの、再発見の際にユリイカ（原理に気づく体験）があるかどうかによりますよね？

鳴瀧：既存の建築をこの4つで語ることができるということですか？

稲垣：それがこの空間の体験によって得られなければ、これは構想であってプロジェクトとしては機能しません。ですから、どういう人がここに住むのか、そしてつくられるプロセスも気になります。プロセスがないと、ここを発見する観察者がいなくなってしまうので。

鳴瀧：まず基礎と1階部分のつくり方を完全に分けていて、基礎の部分は意図的につくられているもの。ここから生活者と住宅のつなぎをつくるため、もっと人の意見を反映するように……。

稲垣：意見を取り入れるプロセスがあるわけですね。

榊原：これは、誰の意見によってつくられるのでしょう？ 自発的に誰かがつくるのですか？

鳴瀧：設定している住民の中に建築家がいて。

稲垣：住人の中にいるのですね。

鳴瀧：何らかの生産行為をしている人を住民対象に設定していて、そこに建築家が住みながら更新していく。つまりスペシャリストが1人いて、さらに各工房の人がいたり、製材などがあったりして自発的に成り立つようになっています。

榊原：何かがそもそもあってつくられていくものであってほしいです。元々、住宅街の中に廃墟となったものがあり、残っていた基礎に住み着いてくる人がいるというように。これは自分が設計したものですよね。何だか少しファンタジア過ぎます。

鳴瀧：僕が今回やったことは、敷地から解像度を上げていくというものではなく、1人の子どもから広げていくという逆向きのグラデーションです。今回は敷地を隠しましたが、通常の設計では最後の部分を隠しているかもしれません。その対称性というか、最後どこに行きたいのかというベクトルの違いかと思います。

稲垣：だからこそ、完成物ではないほうがよいのではないですか？

鳴瀧：完成物ではありません。

稲垣：もっと完成物ではない状態が共存しているほうが良いと思います。まだ表面のユリイカしかない状態や、材料だけ置かれているところに触れる子どもたちのシーンをつくるというように。話を聞いていて、このプロジェクトは未完成の部分があるほうがより伝わると思いました。

▶ P.70

田中義彰賞

Project

「共有」から紐解く集合住宅の再編

ID025

岩崎 維斗
Masato Iwasaki

［信州大学］

岩崎：この12軒が1チームを組んで回覧板を回して交流を図っていく。少しずつお互いのプライバシーが溶け合っていくことを意識して、このシステムを設計しました。この形を成り立たせるためにはこのシステムが必要で、このシステムがあるからこういう形が生まれるといった、お互いを補完し合うようなハード面とソフト面を考えて設計を進めてきました。

田中：この外部階段の役割を教えていただけますか？

岩崎：住宅一軒は、一世帯ずつに全部分かれているので、中を通っていくわけにはいきません。そこで、外を通るためにつくった階段です。

田中：世帯が違う人が住むことも想定されているのですか？

岩崎：はい。

田中：そういうことなのですね。

岩崎：階段は、場所によっては、できるだけ内側の菜園に向くような形に設計しました。

田中：これはみんなで共有するためですか？

岩崎：そうですね。集合住宅をつくっただけでは空間を共有する機会が少ないと思ったので、まちにあふれる中間領域というのを調べ、

それを形にして隙間に少しずつ詰め込んだ形です。

田中：火の見櫓（みせやぐら）の役割は何でしょう？

岩崎：中間領域を形にしたものの一つが火の見櫓です。火の見櫓という要素はリサーチの際に見つけたのですが、それを住民に対して常に開くような操作を加えて設計しています。火の見櫓があることによって、少し離れた場所でも見る見られるの関係が生まれています。この集合住宅においては、火の見櫓が有利に働き、面白い関係性が生まれるのではないかと思いました。集合住宅のシンボルにもなります。

田中：三次元的近隣関係というのが面白いと思いました。最初の説明にもあったように、少し距離感を持ちながらというか、近隣関係が適度に保たれていたり、下層部の密になっている部分をところどころ抜いていたりする点から、関係性がうまく保たれそうで面白いですね。

岩崎：そうですね。繰り返し検討していく中で、疎密の程度や配置についても少しずつ変えながら進めました。

田中：この長野県長野市の栗田町はどういう場所なのですか？

岩崎：一般的な住宅街が広がっている中、ところどころに高層のマンションが建ち並んでいます。

田中：もっと都市部であった場合には、どういったアイデアがありますか？

岩崎：知識の共有で農業を伴って生活していこうというのは、長野県が推進しているものなのですが、ここがもし都市部だとすると少し変わって、例えば、コンポストの共有というようなゴミの捨て方にも新しい共有方法が生まれてくるのではないかとか、そういったことを考えながら設計しました。

田中：ソフトな内容は更新していくのですね。

岩崎：はい。その土地ならではのものが少しずつ入ってきたほうが面白いかと思っています。

田中：農業を軸として敷地選定をしていますよね。よく出来ていると思います。

▶ P.71

碓井将義賞

Project

分築家
— 1095日の解体記録 —

ID027

加藤 孝大
Kodai Kato
［愛知工業大学］

加藤：空き家活用について調べたところ、空き家の9割以上が活用されておらず、中には地域に悪影響を及ぼしている空き家もあると知りました。解体する過程をポジティブに捉えて何かできないかと考えたところ、このような提案を思いつきました。

碓井：そういった社会的な意義も当然あるのでしょうが、あなたのモチベーションはきっと違うところにあると思います。解体していく様子を美しいと思っているでしょう？

加藤：そうですね。

中畑：その感覚は少しわかります。完全なものではなくて、ある部分の引き算というか。建物と呼んでいいのかわからない状態の構築物なのに、人の居場所のようになっているものには僕自身も魅力を感じます。そういう感覚でやっているのでしょうか？

加藤：正直そういった欲求からやっています。

碓井：まず再利用することには限界があるという立ち位置にいる時点で、かなり面白いなと思います。壊していくしかないという割り切りが独特ですね。解体の過程をデザインしようという意気込みもすごく面白い。疑問に思ったのは、解体の途中を再利用することと、自分で壊してくることにそこまでの熱量が必要だったのかという点。壊していく過程も、もう少し建築物として使える可能性はあったのかなと思いました。例えば、中途半端な状態だけれどすぐには壊せないからこの期間を利用して何かに使うなど、壊すだけではなくて解体の過程で第三者に提供できる空間の価値というところを組み込んだ話はあるのでしょうか？

加藤：そうですね。2階部分は完全に地域一体という感じの場所にして、3部屋はあまり壁で区切らずに誰でも使えるようにしました。地域のおばあちゃんと子どもが一緒に団らんしたり、茶道や絵を楽しんだりといった地域に還元していく設計です。居住スペースは自分の一人暮らしなので、ここだけ物足りないなと感じたら分断もできるよう

にしています。

中畑：住み込みなのですよね？

加藤：はい。

中畑：住み込みのうえで『分築化』するモチベーションは何でしょう？お金ですか？

加藤：お金はもらっていないです。

中畑：そうなのですね。

碓井：循環が難しい気はしますね。

中畑：壊すことが好きなのですか？

加藤：壊すことというより、実際に施工している段階が好きです。

中畑：ストーリー設定の問題かもしれないけれど、例えばあなたが育った家をやむを得ず解体しなければいけない。そこで家に関わる記憶をドキュメンタリーのようにしてつくったとしたら、解体している人は何者なんだろうと興味が湧くかもしれない。この解体していく過程をまさに建物として、ある期間部分的に使いたいという人に使ってもらうことができるのでしょうか？

碓井：今までにない考えですよね。

中畑：そうですね。

碓井：解体を生業とするオーナーさんからすると、解体する建物に住むことは、いつかなくなる建物を建てることなので、建物分のお金を捨てるのに近い。すごい世界ですね。

加藤：住む人がどのくらいのモチベーションでできるかにかかっていますね。

碓井：解体して出た材料を売ったり、リースしたりすれば稼げるかもしれないですね。

加藤：少し稼ぎになるくらいですね。

▶ P.92

高橋俊也賞

Project
牛舎が繋ぐ地域の和
― 信濃町振興計画 ―

ID028
石原 大雅
Taiga Ishihara
［信州大学］

高橋：実際に今、残っているのですか？

石原：残っている牛舎自体は8軒ほどあるのですが、ほとんどが廃牛舎となっており、現状経営されているのは2軒だけです。そこで、まず廃牛舎のうちの4つをフェーズ1、フェーズ2で再生して観光と移住を目的とした交流拠点をつくります。最後にフェーズ3で、架構というものがこのまちのアイデンティティなのではないかというところから新築に応用し、アイデンティティを残していこうという提案をします。これが今回の設計です。

高橋：これは新しくつくるのですか？

石原：新しくつくりました。

高橋：これも全部でしょうか？

石原：全部です。

高橋：では、残っているものはそのままで、新しいものもつくっていくというように2つのことをしているということですか？

石原：はい。

高橋：そして、再生して人が集まる場所にするということでしょうか？

石原：そうですね。

高橋：牛も育てるのですか？

石原：廃牛舎では牛は飼いません。こちらの新築する場所には繁殖牧場を設置しています。

高橋：新しく牧場にするのですか？

石原：はい。まちに今も残っている酪農家の方たちが、出産を目的にここに牛を預けてここで飼育するのです。小中学校が近くにあるので、子どもたちが入ってきたり、観光客が立ち寄ったりできるふれあい牧場のような場所を設置して、このまちの振興につなげられたら良いなと考えています。

高橋：この木のフレームはすごいですね。

石原：そうですね。

高橋：ここでは雪は降るのですか？

石原：はい。積もります。

高橋：積もるのですね。

石原：一応、豪雪地帯に指定されています。

高橋：フレームはとても強固ですよね。元々あったフレームをもとに、加工してドームをつくっていますよね。面白いなと思います。中はもっとできるかもしれませんね。

石原：そうですね。

高橋：これが徐々に広がっていって、中央にRCに……。これはRCですか？

石原：RCです。

高橋：RCを使って、それを構造のコアにする。そして、元々の牛舎のフレームをアレンジして新しい空間をつくるということですね。この空間の設計はどこでしょう？

石原：この設計は模型としてつくられていないです。

高橋：組み合わせはもっとたくさんできそうですね。

石原：そうですね。

高橋：プログラムがどのように合うかはわからないですけれど、十分活用されるべきものだと思います。ここに目を向けて新しいものをつくるということがすごいですね。

▶ P.112

大野暁彦賞

Project

類推建築／空の再結晶

ID029

梶田 龍生
Ryusei Kajita

［名古屋工業大学］

梶田：研究を進めるうえで、メタファーが生まれる瞬間というのが2つあることに気づきました。例えば、ヨーン・ウツソンのオペラハウスのように、海沿いだから船といったコンテクストからイメージが想起された場合と、リボンチャペル（設計：中村拓志）のように、結婚式場という与えられたプログラムに対して呼応するように概念から建築を考えていった場合。今回はプログラムから考えていきたいと思っていました。

大野：プログラムから考えていましたっけ？

梶田：一応、この仮説をつくった段階で、それに呼応するプログラムを与えていました。その模型だと読書をするような空間、振る舞いですね。

大野：形とプログラム、どちらが先なのですか？

梶田：最初に仮説だけつくって……。

大野：仮説とは何ですか？

梶田：雨をまとうというのが今回のテーマであり、雨が降っている中で傘をさしているイメージ。普段は何もないボイドに包まれている空気なのに、雨が降った瞬間に一層膜ができて、隣の人との新しい距離感が生まれるのではないのか。それを空間化しようというところから始まって、その静寂な空間に合う振る舞いは読書なのではないかと。

大野：そこに飛躍がありますよね。読書ではなくてもよかったのではないですか？

梶田：定義したほうがわかりやすいかと思いまして。

大野：そうでしょうか。ある場所性をつくって、それを発見した人がどう行動するかということだと思うのです。どこまでレギュレーションするかという話ではありますが、それにはある程度あなた自身の意識が働いて、遠路などをつくってしまっている。意識的につくった人が通れる幅と、雨を観察して出てきた自然造形のような部分、つまり作為的な部分と自然発生的な部分がどう折り重なっているかを知りたいです。それか、あなたがやろうとしている思考実験のプロセスを赤裸々に語ってもらえると面白そうですね。

梶田：僕は、ある構成要素を操作に置き換えるとどういう効果を生むのかという研究をしてきました。今回は、とりあえず雨から何かを学び、それを空間化したところにどういう空間性が生まれるのかを知りたいという思いがあって、最終的にどういうものが生まれるかわからないながらも手を動かし考えた結果、こういうものに。

大野：そうですね。それはわかっています。

梶田：形を先につくって、ここに合う振る舞いは何だろうと考えました。

大野：この模型は鍾乳洞みたいではないですか？ こういった氷柱は、ほとんど自然現象。それに対して人が通る作為的な部分、つまりこの池の形を決めているのはあなたでしょう。もちろんすべて作為なのだけれど、作為と無作為の境界のところに何が生じているかというパラメータがもっと見えてきてほしい。それによってこの空間はどうとでも変化し得る。池がもっと大きなプールであってもよかったわけですが、ある種のパラメータの中で小さくしてしまったのですよね？ 建築では、そのパラメータが何なのかが大事なことだと思っています。これについてはもう少し議論したいですね。

▶ P.72

市来広一郎賞

Project

ヨシと共に育つ幼稚園

ID037

中尾 啓太
Keita Nakao

［信州大学］

市来：「ヨシと共に育つ」の意味合いは何でしょうか？

中尾：そうですね。ヨシは、春に芽を出して夏に成長し、秋冬の刈り入れによってなくなってしまいます。一年を通して変化を見せるヨシの循環とヨシの活用のされ方が面白いと思っていました。それから、都市化によって子どもたちの遊ぶ場所が少なくなっているという点も関係しています。小さい頃に自然と関わりを持って過ごした自分の経験は、とても貴重だったと感じていて、この地域のヨシというものを軸に、子どもが幼い頃から自然と関われる施設をつくりたいと思いヨシと幼稚園を掛け合わせました。

市来：実際にどのように関わるのですか？

中尾：日常的には、このスケッチのような形で。

市来：加工もできるのですね。

中尾：ヨシを使用した簾を用いています。

市来：なるほど。食べられるのですね。

中尾：ソフトな面なのであまり出してはいないのですが。食という面でも関われるので、普段の生活に取り入れることができるのかなと。屋根にもヨシを使っています。

市来：そういう取り組みは現在あるのですか？

中尾：文化として残ってはいますが取り組みはありません。ですが、同じ滋賀県の琵琶湖あたりなど盛んな地域はあります。敷地自体はヨシの保護地域であるものの、刈り取りや火入れが行われていません。ヨシは一年かけて循環するものなので、手入れがされていないと荒れてしまう。そこに目をつけました。

市来：ちなみに、ほかの地域の取り組みとはどのようなものでしょう？

中尾：ヨシを使用した、たいまつ祭りなどです。

市来：ここまで網羅的に使った事例はないのですか？

中尾：ないですね。

市来：幼稚園を結びつけたのは、自身の体験からですか？

中尾：小さい頃、琵琶湖周辺の山やヨシの中で遊んだ経験がありました。ですが、今はそんな子どもたちの姿が見られず悲しかったので、小さい子と自然が関わりあえる施設がないかと考えました。

市来：最初から幼稚園という発想だったのですか？

中尾：今回の設計では、季節とともに変化するヨシに重点を置きました。最初は、ヨシについて発信する施設などと漠然とした発想だったのですが、地元に帰ったときに自分の昔の経験や思い出に絡めてヨシの機能を書き出していったところ、教育施設が良いのではないかと思ったのです。

市来：デザイン上のこだわりやポイントはありますか？

中尾：このスタディのように、多面体の部分をベースとして始めたのですが、ヨシの直線的なものと人工物の対比がきれいだと思います。ヨシを立てたり、束ねたり、子どもたちが登れる斜めの壁にしたりしましたが、そんなヨシの形状自体が子どもたちの好奇心をくすぐるのではないでしょうか。また、自然光を取り入れて、ヨシと子どもの2つの観点から断面を計画。両者がうまく関われているか、幼稚園としての計画をうまく立てられているかを考えながらスタディをしました。

市来：こだわりがすごいですね。

▶ P73

中畑昌之賞

Project

お食寺どころ
― お寺と境内の再生計画 ―

1D039

服部 志帆
Shiho Hattori

［名古屋大学］

中畑：全体のストーリーが面白いと思いました。閉鎖的になっている寺を拓きながら、食のコミュニティの場にしたいという考えはすごく理解できたのですが、この寺を選んだ理由は何ですか？

服部：この地域には寺がたくさんあるのですが、ここは大きな山とまちのはざまに建っている寺です。寺の境内とまちの境界だけではなくて、自然とまちの境界としてもここをつなげるようにランドスケープが入り込んで、広がっていく。さらに、まちの人々の姿も少しずつ山に向かって入り込んでいくという、まちと山の境界としてもこの敷地を考えてみる。そうすると、いろいろな面白さがあると思い、この寺にしました。

中畑：寺や神社には、不可侵領域や聖域のような要素がありますね。のどかな地域ではわかりづらいのですが、都市を見ると、周りにどんどん建物ができていく中で寺や墓だけ残っていく場所が多くあります。あなたがやろうとしていることを、都市にある寺でやったらどうなるでしょう。もしかしたら、食を使ったコミュニティが人を救済する場になるかもしれませんね。ここはここで面白いのですが、別の寺でも可能性がありそうだと思いました。柱のグリッドと、屋根をずらしている点は巧みだと感じましたよ。

長崎：私もコンセプトにすごく共感しました。見つけてきた問題点と着眼点が非常に面白いです。中畑先生がおっしゃったように、この都市と自然をつなぐパターンで一つつくりこんだとして、別の場所ではどんなパターンをつくれるだろうかというのを考えて実現していけると、事業的にもさまざまなところで使えると思いました。

中畑：実際に寺には後継者がいないですし……。

服部：廃棄の問題も。

中畑：そうですね。そういう問題も活用していくというアイデアがありますね。

長崎：一人の住職さんが複数の寺を管理するというところもたくさん出てきているので、地方と都心部、それぞれの場所でどのようにコ

ミュニティをつくっていくのか。さらに、各地域の寺同士はどうやって
コミュニティをつくっていくのかなど、徐々に展開していけると非常に
面白いですね。

服部：はい。

中畑：卒業設計にとどまらず、生涯にわたって取り組んでいってもい
いのではないかと思うくらい、しっくりきましたよ。欲を言えば、この屋
根の形に「むくり」や「てり」を盛り込めるとさらに良かったですね。

▶ P.74

河部圭佑賞

Project
島のノード
― 生業とまち並みを継ぐ離島の更新手法 ―

ID043
青木 優花
Yuka Aoki
［愛知工業大学］

河部：プログラムは何ですか？

青木：プログラムは6次産業化の施設と公共施設の複合施設です。

河部：公共施設の平面図はこれかな。

青木：はい。

河部：ギャラリーとキッチンと直売所と……。

青木：こちらを見ていただいたほうがわかりやすいかもしれません。
ギャラリーや直売所、釣具店など。

河部：これは別のところにあるのでしょうか？

青木：そうです。既存の市場や工場と連携する形になっています。

河部：今は6次産業化されていないけれど、提案において、ここは
公共とはどうやってつないでいるのでしょう？ 一部がここに来るという
ことですか？

青木：施設の中で、例えばここが食堂で、ここが学習スペースで、こ
こがギャラリーで……。

河部：これは別のところにあるけれど、入っていないのですか？

青木：入れています。

河部：建築の形はどうやって決めたのでしょう？

青木：元々は既存の建物部分だけだったのですが。

河部：リノベーションですか？

青木：そうです。老朽化しているので、躯体のみを残してさらに3つ
ピックアップしました。この2つに関してこちら側で説明させていただく
と、ここからこっちが埋め立てです。1960年頃に埋め立てられてい
て、それが元々あった漁村集落なのですが、その集落に空き家が増
えてきてしまっているのです。その空き家の使われ方の想定と、こち
らの失われてしまうかもしれない島らしさを新たに更新していくために
取り入れた形です。

河部：まちのリサーチをして、その要素を小学校に付け加えているよ
うな感じでしょうか？

青木：はい。今回の提案のポイントは、島に住む人と新たな人を結
ぶということです。加工工場のあたりは砂浜で観光客が多いのです
が、それらの失ってしまったものを集めるという意味と、分離してしまっ
たまちなみをこれから変えていくための起点とするという意味の2つ

が込められています。

河部：これが全体ですよね？

青木：そうです。

河部：どこが見えるのですか？

青木：メインパースを見ていただくとわかるのですが、このようなアン
グルになっています。

河部：全体的に良いと思います。プログラムも形も模型も素晴らし
いと思います。

▶ P.75

長崎勇佑賞

Project
まち編む萌芽

ID046
岸 夕海
Yumi Kishi
［名古屋工業大学］

高橋：ここは地元ですか？

岸：はい。模型で見ると、ここに祖母の家があります。

高橋：ここに住んだことはあるのでしょうか？

岸：住んだことはありませんが、夏休みやお盆に1、2週間ほど滞在
していました。

長崎：「 空いたところに、というお話があったと思うのですが。

岸：そうですね。第1タームとして小学校を設けて、次は海沿いのほ

うに学校が移動するような感じで。

長崎：移転するような感じなのですね。

岸：はい。次の空き家をまた学校に改装して使っていくという感じです。この元々学校だった場所は地域に開放されており、野菜や魚介、海鮮の販売所や移住者の住居として再び使われます。

長崎：建屋はそのまま生かしているのですね。

岸：そうです。

長崎：学校って、自分が社会に出てからふとしたときに立ち返る場所というか、ノスタルジックな面がありますよね。移転することで、そういった面がなくなるのはどうなのかなと思っていたのですが、再活用をして残していくということですよね？

岸：はい。例えば、一度外に働きに出た人が、今度はこの学校に住むという形で戻ってくることも可能です。

長崎：それは面白いですね。

高橋：この部分は既存のものでしょうか？

岸：そこは新築です。第1タームの必要機能を全部入れるために、3棟ほど新築しています。

高橋：そこは木造でやるのですね。

岸：そうです。

長崎：ここをクローズアップしてつくられていますけど、建築的なポイントはありますか？

岸：この模型の中心にある、元々のまちの道を廊下として見ていて、ここで地域の人が散歩をしたり、小学生が移動教室で移動したりという人の日常が重なりを表すためにこの範囲に模型をつくっています。

長崎：いろいろなところに、地域とのコミュニティが生まれる要素を入れている。

岸：このダイアグラムがわかりやすいと思うのですが、既存の空き家でオレンジの部分が改築、青い部分が建替え、緑の部分は新築です。

高橋：古いものと新しいものが混在しているわけですよね？

岸：そうです。

高橋：もう少し面白みがあってもいいのではないでしょうか？

長崎：画一されてしまっていますよね。

高橋：フラットに、全部新築にも見えるし、全部古いものにも見えます。古いものと新しいものを共存させながらも、「古いものにはこういう機能も足せて、新しいものはこうします」というのがあると膨らんでいくと思います。小学校には、昔そこへ通っていた人が訪れたときに当時を懐かしく思うという機能があるので、古いものも残しながらつくっていったほうが納得できるかと思うのですが。

長崎：「まちを編む」につながりますよね。コミュニティの中に入っていくという意味で、このタイトルにしたのかなと思ったのですけど。

岸：そうですね。新築のシルエットや屋根を古いほうに合わせるようにつくっていて、まちに馴染むように工夫しています。

長崎：新築とリノベーションと改築という点が、デザインコードを統一しながらももう少し差別化できているとより伝わりやすかったかと思います。

▶ P.76

彦坂昌宏賞

Project
あいおい輪中学窓

ID047
田中 さくら
Sakura Tanaka
［名古屋工業大学］

彦坂：何の博物館ですか？

田中さくら：長島の輪中地域の歴史をたどっていく博物館です。

彦坂：輪中の歴史を展示しているのですか？

田中さくら：はい。どういった経緯で堤防をつくらなければならなかったのか、それによって周囲との関係とどう断たれていったのか、そこからまた川に拓いていくためにはどう考えるのかという博物館にしたいと思っています。

田中義彰：実際に模型を見ると、建築的な居場所であったり、高低差を生かした建築空間であったり、すごく良いと思います。主題の部分ですが、ご自身はこの建築空間のどういう点が学校に行きたくない子どもも学校に行けるきっかけになると考えていますか？

田中さくら：建築的な工夫としては、先ほどおっしゃっていただいたように特徴的な高低差があり、気分が落ち込んでいるときは、このスキップフロアを生かした低いところにいてもらいます。徐々に壁を乗り越えていくきっかけは、博物館と組み合わせたプログラムにあります。私は人と直接コミュニケーションをとることが解決策だとは思っていません。作品を見てもらうことも一つのコミュニケーションになります。最終的に、やっぱり自分は人と触れ合いたくないと思ったら下の博物館の展示に関わり、人とふれあいたいと思ったら展示の案内に関わるというように、さまざまな形で人との関わり方を発見するプログラ

ムで壁を乗り越えていくというものを考えています。

彦坂：よくできていると思いました。不登校の子どもが多いという話は、テレビでもよく見ますし、大きな問題だという実感があるので。こういった屋外、半屋外の高低差があり、それらが連続していて楽しく使えそうですね。自分でやりたいことを発見して活動できる場というのでしょうか。中に入ってきた他者と交流することができるかもしれないし、嫌だったらしなくていい。雨が降ったら軒下で遊べばいいし、晴れていたら外でサッカーをするのもいい。子どもたちが自由に、伸び伸びと生活できる場所になっている気がしたので良いなと思いました。僕は輪中地域という言葉を知りませんでしたが、地域との関係性というか、ストーリーがしっかり出来ていて良いですね。模型もきちんと空間をつくろうとしている感じが伝わってきてわかりやすいです。

> ▶ P.77

淺沼宏泰賞

Project

おなじそらの下で
— 母子生活支援施設現代化計画 —

ID054

三輪 ひとみ
Hitomi Miwa
［愛知淑徳大学］

淺沼：子ども支援に関する経験をもとに設計したのですか？
三輪：はい。ボランティアです。
淺沼：ボランティアの経験があるのですね。私も一度、生活保護施設を設計したことがあるのですが、結構すごい世界ですよね。何となく三輪さんのしたいことがわかります。家の周りに塀を建てなければいけなかったり、二方向で出入り口をつくらなければいけなかったり。そうは言っても、中に光を落としたいというようなことも考えたと思いますが、理解できますし共感します。
三輪：高卒認定を持っていない人が多く、そういう方たちに勉強を教えに行っていたのですが、なかなか正社員として働くといった生活面での自立が難しいのです。
淺沼：親の都合も関係してきますね。例えば、DVの旦那がいたとして、そこから逃げている子どもたちがどう成長していくかという環境は必要です。今だと、鉄筋コンクリートで守られただけの施設になっているというところで、いろいろ考えたのでしょう。子どもたちは、何歳までここで生活するのでしょうか？
三輪：法律では、18歳になったら出ていかなければなりません。ですが、何年以内という制限はなく、自立できるようになったら外に出る感じですね。
淺沼：子どもは0歳から18歳になるまでの大部分をここで過ごすのですよね。子どもの成長に合わせた使われ方の仕掛けというものは盛り込まれているのですか？
三輪：私としては、なるべく早く社会に巣立って行ってほしいです。なので、外との接点をゆるく持つために敷地を商店街に設定しています。まちの機能に頼りながら子育てをしていくというのがポイントで、それほど長い期間はいてほしくないという思いがあるのです。
淺沼：「接点をゆるく持つ」という部分について、具体的に教えてい

ただけますか？
三輪：例えば、庭はカフェになっていて、1階の厨房はお母さんたちの職場になります。商店街の人が集まってきたり、保育園のお迎え帰りの人たちが一緒に遊べたり、デッキになっている2階部分が若干見えたり。施設自体を商店街に建てるということが、愛知県内では見られないので大きなポイントかと思います。
伊藤：ほかの施設も規模感はこのくらいですか？
三輪：もっと大きいです。
伊藤：なるほど。それに対する批評として、もう少し小さいほうがいいのではないかという提案をしているとも考えていいのでしょうか？
三輪：そうですね。春日井では9世帯を受け入れているのですが、実際の住戸は20戸くらいあり入居率は一世帯ほどというのが現状です。ニーズに合っていないというか、バランスを考えて少し減らしました。長居してほしくないというのが大きいですが。
伊藤：そもそも施設化したほうがいいのだろうか、と少し思いました。接点を持ちたい、それでも守られていなければならない、という集まりをここでつくることの難しさは、実際あると思うのですが、その中で、商店街のそばにつくるとなったときに、もう少し分散させて、まちぐるみで見守る、というような提案も、いろいろチャレンジは想像されるもののあり得たのではないかと思えました。

> ▶ P.78

田畑了賞

Project

夜露が獅子を撫でる

ID061

高堂 絹子
Kinuko Takado
［愛知淑徳大学］

田畑：地下へは、どのように降りていくのですか？
高堂：階段があります。
田畑：獅子舞を奉納する場所は神聖であるべきというところで、建築的にもそういうことを意識してつくられているのだろうなというのが見て取れるので……。
高堂：大屋根を地上に設けた理由の一つとして、こちらの神社で毎月開催されるお祭りが関係しています。お祭りのたびに簡易的なテン

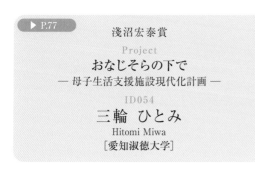

ト を立てたほうが動かしやすく、融通が利くということはわかっているのですが、私は簡易的なテントをお祭りに使うのはいかがなものかと感じました。ですから、この屋根の下で獅子舞の奉納が行われたり、初詣のときに使われたりというのを想定しています。

田畑：使用頻度が高いのなら屋根をかけたいということですね。

高堂：こちらの地域が、曇りの日が多く降水確率も名古屋に比べると圧倒的に多いです。獅子舞がまち中を回るお祭りの日も大体は雨が降るので、ほぼほぼ使われるかなと思い、こちらに屋根を設計しています。近所の方がふらっと寄った際にも、お祭りがない日はこの屋根の下で座って水鏡の揺らぎを見ながらゆっくり過ごしていただきたいです。獅子だけではなく、地域の方やお祭りで使ってくださる方、獅子頭が奉納された元々の地域にいらっしゃった方なども来てくださるかなと思って考えました。

田畑：透明の屋根なので下を覗き見たくなってしまいますが、神聖で入れないような……。

高堂：今日の照明では光が入らないのですが、採光のためだけにあります。

▶ P.79

安藤太地賞

Project

街を紡ぐ六弦琴
― 都市公園と一体化した楽器工房 ―

ID077

島田 蘭花
Rana Shimada

［名古屋大学］

安藤：この線状の建築は、ラインになること以外にプラスアルファの機能がありますか？

島田：工房自体は、この用水の上でラインになっています。奥から手前にかけてギターができていくように全体を配置していて、この上に細長い工場に直交する向きで一個一個バラバラのスラブを差していく。そこが、カフェであったり、ショップであったりという公共の空間になっています。ショールームになっている部分の上から、工房でギターをつくっている様子を見られます。外に付属しているスロープや細いスラブなどは、模型をつくれていない部分もあるのですが、外を用水沿いに遊歩道のように歩いていく流れもあります。工房を拠点とする歩行空間が用水の上にできていて、そこを公共空間としてデザインしています。

彌田：現在は用水が綺麗になっているのですか？

島田：そうですね。流れが速い工業用の用水なので、私が見に行った際は、すごい汚いという印象はなかったのですが、やはり危険だと思いました。現在はフェンスで囲われているので人は近寄らず、建物は用水から離れたところにピロティで持ち上げて建てています。用水から距離はあるのですが、音を感じられる空間になっています。例えば、汚いというイメージがある用水の流れる音が、建物に入って実際に聞くと心地良かったり、つくっているギターの音も聞こえたりします。マイナスイメージのあった用水をプラスのイメージに変えていくという考えです。

安藤：ヤイリギターさんのいわゆるクラフト感のある作品に対して、それを受ける工房として、何か建築的に工夫した点はありますか？

島田：そうですね。クラフト感……。

安藤：クラフトなのかどうかはわからないですけれども。

島田：岐阜県可児市を、日本を代表するギターの聖地にしたかったので、建築のデザインとしてこだわったのは素材と設計手法です。素材は木材のスラブと金属の柱という、ギターの弦とボディの要素を使っており、設計手法としてはグリッドを引いて設計しました。用水に沿って2m間隔で6本の線を引いていて、それがギターの弦をイメージしています。6本引いたところへフレットをつけるように縦に梁を置いていき、このグリッドに沿ってスラブを配置しました。

安藤：それをずらしながらバーをつくっていくのですね。

彌田：とても面白いと思うのですが、気になるのは用水への梁の架け方です。結構、工業感がありますね。もう少し歩いていて楽しい公園にするとか、張弦梁のような違う架け方をするとか、ほかの方法もあったのではないかと思いました。それから、手づくりの工房のほうが技術的には高いのではないかと思いましたが、そこは見づらいですね。ここと切り離す理由はありますか？

島田：そうですね。梁については、おっしゃる通りです。工房は区別をつけたくて、ギターをつくる人には少し離れた森の中にスケールの小さい空間をつくり、工房自体は細長く工業的な空間にしたいと考えていました。

▶ P.80

稲垣淳哉賞
Project

同窓会アパートメント
— 大学同窓会の再評価による新しいコミュニティのかたち —
ID078

遠藤 あかり
Akari Endo
［金城学院大学］

稲垣：海外にはこういったプログラムがあるのですか?

遠藤：ありません。

稲垣：思いついたということですね?

遠藤：はい。

稲垣：高齢者と在学生が一緒に住むということですよね? 北欧にあるような、高齢者を受け入れて住む集合住宅の同窓会版ですね。空間的なアイデアがジョークのようで面白いですね。元々ここに住居はないのですか?

遠藤：はい。これは新築です。

稲垣：ラーメンでつくった建物の周りに壁をつけたみたいで、結構面白いですよね。個性があるけれど、リノベーションのようでつくった感じもない。窓のアイデア性や個性が表れていて、とても爽やかというか、現代的な提案だと思いました。

嶋田：既存のものから外壁を取り、アウトフレームでつくることによって、こういう空間が生まれるというほうが、現実味を帯びていてプログラムを生かせるかなと思ったのですが。

稲垣：このプランはどうやって思いついたのでしょう? 通常だと集合住宅は片廊下で考えますが、片廊下にしないで階段室型にしていますね。先ほどのオペレーターつきカーテンというか、これは各部屋に窓辺があるものの共用部もあるというのを実現するためですか?

遠藤：そうですね。空間の共有だけでつながるのではなく、自分でコントロールできない環境によって他者を感じ、つながりをつくれないかと考えました。

稲垣：これほど大きな集合住宅なのに、ご自身の感覚がきちんと宿された設計になっていて良いと思います。1階の、この共用部が面白いですね。

嶋田：1階の機能はどうやって抽出したのですか?

遠藤：1階は学部の特徴が生かされています。生活環境学部には、食環境栄養学科と環境デザイン学科、生活マネジメント学科があるのですが、それぞれの特徴をもとにカフェや調理室、ギャラリー、図書室コーナーというように設定しました。

嶋田：立地が面白いので1階のつながり方も面白いのですが、そうするとこちらも西日ですよね。そういう遮蔽効果とか、もう少し肉づけがあってもいいかと思います。

稲垣：どこが高齢者で、どこが学生という区別は特にないのですよね?

遠藤：はい。

稲垣：そこがランダムなんですね。大学生と高齢者が一緒に住むことで、社会的なサービスとしての価値を循環させたいならば、ゾーンを分けることも考えられるのかなと思いました。高齢者の福祉居住エリアの中にある学生の集合住宅って、交流があることで家賃が安かったり、美術系学生が広い面積を借りられたりするのですよね。ここには可能性が詰まっているので、そういうプログラムの発展もあったら面白かったです。

嶋田：こちらから出られたら、また面白いですよ。

遠藤：2、3階ですか?

嶋田：そうです。空間に対して長いところと短いところがあるので、共用スペースだけではなくて、床を追加して能動的に空間を覗いたり、会話ができるようにしたり、ベランダがあったりすると良いと思います。

公開審査

伊藤維賞：ID001 柳町 一輝

伊藤：本作品は断面図が素晴らしいと思います。評価したほかの作品も、基礎や構築の考え方が良かったのですが、その中でもこの提案は、まちのアクティビティや伝統として織り重なる風景と、断面のつくり方とが良い形で連続していることを特に評価したいと思いました。欲を言えば、温泉のまちというイメージが今回の表現としては見えづらく、それも含みこめるような違う敷地でも良かったのではないか、既存建築への発展の仕方などはもっと豊かに発展させる方法があったのではないか、などいろいろあります。でも、ブドウなどの人間でないものが同じ建築に生き生きと共存することも含め、豊かなイメージが図面から喚起されて、とても良いと思います。

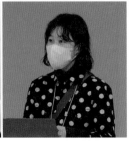

嶋田将吾賞：ID010 西本 帆乃加

嶋田：全体的におとなしい提案が多かった中で、本作品の見事な模型に惹かれました。昔ながらの問屋街のような形で、"昔は活気があったけれど衰退してしまった"というテーマはあちこちにあると思いますが、もともとある問屋街の大事なところ、まだ元気なところをさらに伸ばしていき、それらを活性化につなげるところが非常に良かったです。つなげる中で、「コンデンサー」という言葉を使って表現している点も面白い。こういった空き家の提案は多かったのですが、本作品では、"商業の活性化"をテーマに取り組んでいるところに惹かれました。また、粗削りだけれどチャレンジしており、伸び代があることからも選びました。

神谷勇机賞：ID017 佐藤 直喜

神谷：タイトルの「山を建てる」という表現が、まず秀逸でした。実際に作品を見た時に、やっていることを一言で表すようなキャッチーさ

があり、自分でやっていることをきちんと理解していると感じました。土に種類があり、それぞれを自分で設計して建築としてつくっていくことをしていますが、私たちが当たり前に『土』として使っている言葉は、本当はいろいろなことができるのだろうと思いました。普段、建築をやっていると、屋根とか、壁とか、自然とか、哲学の話でも、いろいろと研究されている言語について考えることが多いのですが、それ以上に自分の身の回りについて、もっとしっかり考えなければいけないものがあるのだろうと考えさせてくれた、良い作品だったと思います。「山を建てる」として、土を盛っているだけで、設計はしていないように思えたのですが、巡回審査で聞くと、しっかりと寸法を与え、スケール感を持って設計していたので、まさしく建築を設計していると思いました。これからありそうな可能性として、もともとここになかった土を持ってきているので、本当に植生を持ってくることができると思いますし、逆に、ここになかった土の配合を持ってきているので、分類してもいろいろな新しい風景や新しい植生が生まれるのではないかと思っています。

東野唯史賞：ID018 新井 花奈

東野：敷地であるウガンダへ実際に行った経験があり、おそらく、その衝動を燃料としてこの課題に取り組んでいるのがとても良かったです。サンプルもきちんとつくられています。卒業設計だと、そこまでつくり込むことはなかなかできませんが、現地を見たことで、現地にあるもので、そしてなるべく地に足がついた形で、設計課題として解決するにはどうしたら良いかを考えた、試行錯誤の表れだと思っています。私の仕事もまさに"ReBuilding Center JAPAN"というところで、廃材を使ってそこから経済を生み出しています。人から見捨てられた

ものにも価値はありますが、それを使って稼ぐことができるし、機能として資源が回っていくことも実現させていると思います。この構想で現地に対して良いアプローチができるのではないかと、リアリティを持って見ることができました。将来像まで深く考え、その土地の中だけに留まらず、住民たちの将来まで見越してアプローチできているのが、とても良かったので評価しました。

生田京子賞：ID019 恒川 奈菜

生田：卒業設計はテーマを見つけるとともに、作品を形にすることの両方を統合することで、素晴らしい作品になります。非常に難しいですが、1年間を卒業設計に投じてどれだけ良い時間を過ごせたかが価値ではないかと私は思っています。本作品は、話の流れとして絵本をつくり、絵本で周りの人を巻き込み、それから小学校の場合は机を借りる場面もあるなど、5年間を通して徐々にまちに大きな仕掛けをしていきます。その流れの一つひとつを聞いても、非常に実直な印象を受けました。もちろん卒業設計なので、うまくいかないこともありますが、その中でも非常に実直で、次から次へと小さいステップではあるけれど、人を徐々に巻き込んで面白くなっていきます。それらから良い1年間を過ごしたのがうかがえ、確信を持って選びました。アウトプットに関しては、模型表現では原色で表されていて非常にわかりやすいのですが、風景の中で空き家を同じ紫に塗装して気付かせる仕組みになっている点は、原色ではない方法で、馴染ませつつも存在を気付かせることはできるのではないでしょうか。原色でまとめてしまったところが、まだまだ深掘りし得る内容ではあったと思います。ただ、途中経過の組みたての面白さと実直さを評価しました。

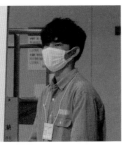

彌田徹賞：ID020 安藤 大悟

彌田：私は形式のある作品が好きで、その中でも本作品は、形式自体が敷地として選んだ場所をとても鮮やかに示していました。行ったことがないのに、その場に行ったような気持ちにさせられます。もしかしたら出展作品の中で一番規模が小さいかもしれませんね。みんなが複雑で大きいものをつくっている中、とても小さな建築を建てていますが、場所の選び方がとても良かった。それもセンスの一つだと思います。なぜかというと、霊峰でありながらも、よく災害が起きている

御嶽山であり、コロナが始まってから山自体が見直されて、祈りの場になるなど、たくさんの意味が重なっている。そして、災害が起きた後に再生しているのが非常に素直であり、それを構法から考えてつくるのが、自分の中で非常に気付きとなりました。また、自分ができることをなるべく深掘りして、この小さな建築に取り入れているのが評価した大きなポイントです。形態などはまだまだ詰めることができると思うので、是非この建築を実際につくってもらえると面白いと思います。

榊原節子賞：ID021 鳴瀧 康佑

榊原：圧倒的なドローイングの力と、見せつけられるような模型の持つプレゼン能力に非常に惹かれる作品でした。どこまで意識しているかはわかりませんが、最初の「素材のユリイカ」はテクスチャー、次の「物体のユリイカ」は構造、そして「様式のユリイカ」はプランニング、最後の「社会のユリイカ」は空間の持つ力と、建築の言葉に置き換えると読み取れるのではないでしょうか。一方で、本作品は非常に危険性をはらんでいる問題作とも思っています。完成形を見たいがために、誰がどのようにこれをつくっていくのかというプロセスが逆に見えなくなっています。人の関わりしろが見えないし、土地のコンテクストは絶対必要だと思うのに、そこがどうしても見えない。例えば素材の話で言うと、場所性が大きく関わるはずなのにないため、ちょっとファンタジーの世界で終わっている。卒業設計なので、ある意味ファンタジアな部分もあるとは思うけれど、これからどう建築へ着地化させるかに、ぜひ可能性を持って取り組んでもらいたいと考えています。

田中義彰賞：ID025 岩崎 維斗

田中：集って住むことを、人目線で考えられているところが一番良かったところです。その中で、今のプレゼンでは触れられていませんでしたが、とても印象に残った言葉があります。「三次元的近隣関係」です。最初に「自然の共有」と言って、上を小さくして下を大きくしており、それが自然体で、下の階に光が入るし、上階に行けば結構な景観が見られるという素直なやり方です。その中間領域を自分なりにリサーチし、集って住むという集合体に対して当てはめ、下の階の密になりそうなところはピロティにして抜くなど、特別なことではない、素直な回答が気持ち良かった。また、その情報や知識の共有など

を、農家の作業を取り込んで生活とともに密着させているところは、都会の場合も、ソフトの仕組みをみんなで考えていくという説明がスッと頭に入ってきました。集まって住むことに対して、素直にどのようなことが起こると、それぞれの人を活性化できるかとか、それを建築の形に反映させる時に、どういう手法を取るといいかなど、それらが自分なりに腑に落ちているところも非常に良かったです。

碓井将義賞：ID027 加藤 孝大

碓井：しっかり建築をつくっている人を選ぶ予定でしたが、本作品は自身に気づきを与えてくれた点から選ばざるを得なかったです。仕事で昨年、階だけを残して建物をすべて新しくするプロジェクトを、非常に大変な思いをして完成させました。学生の頃から、スクラップアンドビルドは良くないという固定観念がありましたが、本作品により、解体することに時間をかけて付加価値をつけていきデザインをするという可能性に気づかされました。ただ、解体自体は一度リセットするだけに、非常にお金がかかります。一見とても無駄なお金のようだし、自分自身で解体していくかは疑問が残るところですが、長い時間をかけてなるべく費用をかけず、さらに地域住民との関わりなどを付加価値として提案していくことに可能性があると思います。途中段階で、カーテンで仕切るなどは、実際にどの段階でつけていくのかなど、まだ伸びしろがあると思いますが、それぞれの段階でもっと収益を考えられるような可能性があるのではないでしょうか。最終的に壊すと決まっているのであれば、もっとダイナミックに途中段階もうまくできるのではないかと思うし、とても面白い案だと思います。そういうことを含めて設計をする、マイナスしていくこと自体をデザインする、そのことについて考えさせられました。

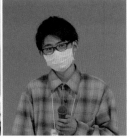

高橋俊也賞：ID028 石原 大雅

高橋：模型などを見ても良い作品だと思いました。地域に取り残されて消えつつあるものに着目し、残すためのプログラムを考え、再生しようとしている提案で面白いです。特徴的な牛舎のフレームを生かし、そのまま残すだけでなく、フレームの形をもとにしたドームをつくるなど、新しい空間もつくっています。その際に、木造の架構だけでなくコンクリートなども使い、木の架構を補うようにRCの構造で新し

くドーム的な空間にしているのがとても良かったです。フレームとRCの構造の組み合わせをいろいろと変えていけば、もっと多様な空間が生まれるのではないでしょうか。地域に開かれることが最も目指すべきことだと思うので、もっと発展できる案ではないかと思います。それをもとに地域の人とつながっていける空間となる、可能性を秘めた案だと思いました。

大野暁彦賞：ID029 梶田 龍生

大野：最近の卒業設計の傾向として、社会へのメッセージや現代社会に対するいろいろな思いを形として表そうとするものが多い中、いくつかの作品が、あえて敷地を設定せず、周りとの関係を考えず設計していました。そのような作品を賞として選んだのは、みなさんには、形や空間をつくることに使命感を持って取り組んでもらいたいと思っているからです。その中でも梶田さんは、自然現象から形や空間を生み出すという試みをしたため、それを高く評価したいと考えました。ただ、プレゼンで伝わらなかったり、初めて聞いた人からするとよくわからなかったりするので、まだまだ途中経過だと思います。今後、大学院に進むかはわかりませんが、その中で頑張ってもらいたいと思いました。それから、ほかの作品でも思考実験的な取り組みがいくつかありましたが、こういう思考実験をした結果、どういう空間が生まれたのかをもう少し分析し、実際のプロジェクトにどのように反映できるかを見せて欲しかったです。私はランドスケープを専門としていますが、自然現象という比較的形にないものを形にしようとしたのは、まさに私も自然と向き合いながら、見えない一瞬の風景をどう風景として受け止める空間ができるかを考えているので、そこへ取り組んだ点で非常に評価しています。

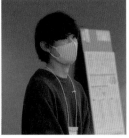

市来広一郎賞：ID037 中尾 啓太

市来：地域にあるもので幼稚園という育てる環境をつくる点が良かったのですが、最も良かったのは、自身の原体験の中で小さいころからふれあってきたヨシの価値を改めて認識し、そこからいろいろと発想していったところです。その中で、単なる空間ではなく、子どもや大人がどういう行動をするかを研究し、素材のヨシとの関わりなどがよく考えられていて良かったです。あえて欲を言うならば、幼稚園と

いう場なので、地域の幼稚園の問題や価値などの幼稚園的な視点が入れられると、もっと良くなっていたと思います。

中畑昌之賞：ID039 服部 志帆

中畑：実際に寺は、いろいろな地域で後継者がおらず廃れ、お坊さんが何軒も掛け持ちしているところもあります。かつての寺は貧しい人たちに食を与えて救うような面もありましたが、現在は、今回選んだ敷地のように意外とコミュニティ寄りの施設のようになっています。ただ、寺の本質は聖域のため、不可侵領域で手をつけられず急激な開拓がされている都市部でも残っています。そのため、そういう都市部なら、食を介したコミュニティ、強いて言うなら、子どものための給食施設のようなものになるかもしれない。ある種、普遍的な寺という性質上取らざるを得ないプログラムから、エリアごとの食のようなものを結びつけると、プレゼンテーションは非常に健やかな感じですが、いろいろなことを広く包摂できると思います。今日は非常にバリエーションある提案がたくさんありましたが、個人的には一番素朴だけれど心に響くプログラムでした。

河部圭佑賞：ID043 青木 優花

河部：まず、非常に優しい印象を抱きました。ドローイングやパースなど、一つひとつの判断の過程なども含め、本作品を見て一番感じたのが力強い建築とは違い、優しい建築や優しい建築家像がこれからの時代には合うのかもしれないこと。そして、それは素晴らしいことです。具体的には「島のノード」というタイトルに象徴されています。おそらくノードというのは、ケヴィン・リンチの『都市のイメージ』（岩波書店）を引用していると思いますが、生業としてのノードでもあるし、まちなみとしてのシンボリックなノードでもある。このように多様な意味のノードを都市として使っていると思いますが、卒業設計のように何をしてもいい中で、いろいろなところに手を加えるのではなく、その場所にとって重要なツボを探し出してしっかり押しているのが、リアリティがあり良かったです。それから、きちんと建築になっているというか、良い空間ができている点も非常に評価しています。一方で、小学校のスケルトンを抱き込むように建築化しているので、リアリティも非常にある。総合的に、非常に新鮮、かつ素晴らしい作品だと思い

ました。

長崎勇佑賞：ID046 岸 夕海

長崎：人口減少は日本全国どこでも問題になり得ることです。私の子どもも小学校に通っているけれど、地域で子どもとお年寄りの交流の機会をつくるなど、いろいろなことに挑戦しています。そういった空き家の活用や、空き家に手を入れて単発ながら使っていこうという提案です。今回は時代を追って、数年経って空いたら次に行きましょうと移転を繰り返しながら土地全体を活性化していきます。それから、小学校が移って空いたら、また次のアイデアを考えるなど、まち全体で活性化することを考えているのが良かったです。

彦坂昌宏賞：ID047 田中 さくら

彦坂："不登校の子どもたちのための設計"というテーマがとても良かったです。今、少子化で子どもの人数が減っているにもかかわらず、不登校の子どもが毎年増えているそうです。私の子どものクラスにも学校に来れない子がいまして、私としても身近な問題ではありました。そのような問題に対して田中さんは、敷地の形状を生かしながら分散的に空間を構成し、子どもたちが自由に自分の意思で選んで、遊んだり勉強したりできる、気持ち良い場所を多様につくっています。その中に博物館の機能が入っており、他者とふれあう場所にもなっている。他者が一方的にずかずかと入ってくるのではなく、子どもたちが主体的に他者とのふれあいを選べるようになっています。事前資料では内容がよくわからなかったのですが、今日のプレゼンを聞いて非常に良いと思いました。模型もしっかりつくってあり、空間をつくろうという強い意志を感じましたし、地域の地形との整合性もあり、とても良かったです。

淺沼宏泰賞：ID054 三輪 ひとみ

淺沼：個人賞の決め手は、まず、母子生活支援施設を題材に選んだところです。私たち設計者は、社会的弱者に対する支援という視点を持たなければならない。私も、このような施設をつくった経験がありますが、DVなどもあり、父親に居場所がわからないようにするため、見えないようにつくる施設でもあります。一般的に、DVの父親が入り口に来たら足止めをし、その間に裏の勝手口から子どもたちが出

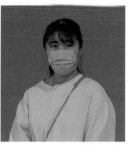

られるようにします。三輪さんも、ボランティアを通して、かなり肌感覚のある実体験として設計の中にしっかりと表せていました。表の庭と裏の庭、それから、隠さずに商店街の中でまちに開こうとする努力、中の空間も、心に不安を抱える子どもたちがいるので、できるだけ閉じずに間仕切りで目隠ししながら相互の関係が生まれています。中間領域だったり、壁をつくったり、みんなが互いを認識できる仕掛けがしっかり入っています。設計するにあたり施主に提案する際は、どれだけ実体験を持って落とし込めるかが実際の仕事では重要です。この作品では、ボランティアを通してそれが表現できています。

田畑了賞：ID061 高堂 絹子

田畑：獅子舞という衰退していく文化に対して、それを受け入れつつも、獅子にとって神聖な場をつくろうとしているのが良かったです。シンプルなようで、調和を生み出しています。他人から見える景観も、透けて見えるようなところで設定している。また、今直面している文化の問題に対する空間をつくって欲しいという思いもあり、そのような神聖さを感じられるだろうと思いました。

安藤太地賞：ID077 島田 蘭花

安藤：本作品の魅力はなんといっても、六弦琴を翻訳した線上の建築だと思います。しかし、その前提として非常に限界的な設定が、いわゆる世界的なメーカーでもありながら一企業が地域の用水路を再生していくこと、さらには公園と連結させて今後開いていくということ。企業がパブリックな空間をつくっていくプロジェクトに仕立てたのは、非常に現代的であり得ると思いました。建築としては、説明には

ありませんでしたが、原材料の製材所から加工するところ、あるいは空間的な接合をしていくところに必要な工程を考慮した大きさや高さも含めた設計をしており、それが全体の建物の外観としても、表情豊かにつくられているところが魅力的です。また、パブリックな空間を2階に設けることで、スロープを通じて工房が垣間見えながらのぼっていくような、工場とのパブリックな関係性も良かったです。ただ、グラウンドレベルのつくりこみがもっと豊かにできるかもしれないし、川沿いの橋桁が無骨で、離れの工房と線状の工房に少し距離があるので、もっとにぎわいのつくれる配置計画があったかもしれない。とはいえ、軸上にも、直交方向にもエクステンションができると思うので、非常に先見のある計画です。

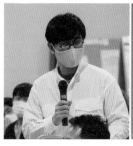

稲垣淳哉賞：ID078 遠藤 あかり

稲垣：本プロジェクトは、卒業設計や卒業課題で集合住宅を題材にする人が非常に多い中、身近な場所である自分の大学の近くに計画を立て、社会的に広がりのある高齢者と学生が一緒に居住するようなものを、きちんとリサーチしながらレポートもつくっていました。建築のプロジェクトとして、卒業計画として、自分の生の声や生活像を描くことと、広く社会に訴えかけること、どちらもできており、集合住宅の計画として非常に魅力的です。そして、社会的な話や、住まいはどのようなものが良いのかという概念的なことに留まらず、空間的なアイデアにしっかり落とし込めています。非常に豊かに見える中、窓辺の空間のデザインなど、日々自分が眺めているであろう、大学に向かう街路上につくりあげられるまちなみの風景として、しっかり実現されるようなデザインであり、用意周到に設計されている点を評価しました。

NAGOYA Archi Fes 2023

　個人プレゼンと質疑応答を受けて、審査員が8名を選出。8名のファイナリストたちは公開審査で審査員とのディスカッションを実施した。

　一つずつ確実に議論を積み上げていくように審査員5名の講評が行なわれ、最優秀賞、優秀賞、個人賞が決定。

　「展開」というコンセプトを掲げた本大会。出展者、審査員、来場者、実行委員それぞれが何かに気づき、新たなスタートが切られた二日間になったのではないだろうか。

The 2nd day
プレゼンテーション & 質疑応答
Presentation, Question and Answer Session

Project

根源的機能建築
―人間本来の行動から読み解く公共空間の提案―

ID013

﨑田 真一朗
Shinichiro Sakita

[福井大学]

▶ P.82

山本：これは誰でも自由に入ってこられるのですか?

﨑田：そうですね。

山本：北側の関係はどうなっているのでしょう?

﨑田：北側には神社や公園、市役所、県庁があります。

山本：こちら側には?

﨑田：オフィスや西武百貨店、地方中心の都市部のビルなどがあり、再開発が行われています。

山本：全体がもっとわかりやすいといいですね。都市全体でこういうまちをつくっていこうという動きを生み出すのが目的ですよね? 現代の都市が、これをつくることによって変わるということでしょう。そこも一緒に書かなければ、適当な建築に見えてしまいますよ。これがもっとまちの中に伸びていったらどうですか?

﨑田：ここに横断歩道があるのですが、こちらに立っていたとしても。

山本：違います。これがこちらまで伸びていったら人々がどんどん参加できますよね。建築の内側で終わっていないで、外からの人も関係を求めて入ってくるのでは? 提案は面白い。最後まで完成させているところを高く評価したいですね。結果的に最も完成度が高い建築でした。

宇野：構想も、やろうとしていることも、実際につくられたものも上手

だと思うのですが、こういうものって一度にすべてはつくれないですよね。考えながら少しずつ形になっていくのでしょう？ エスキスは一本の線から始まるものですが、まずどこから考えたのですか？「こんな感じにしたい」という思いがあったとしても、模型できちんとつくるためにはもっと細かな手順があってエスキスと言っているのですよね？ そのプロセスがわかりづらいと思ったのですが、重視したものは何でしょう？

崎田：まず、第一段階は平面から考えました。スタディを行って、敷地周辺の関係性をもとに平面的に考えたあと、立面方向で高さについて考えていき制限をかけるといった自分なりのルールを決めながら進めました。

宇野：建築の設計とは、人が何となく考えたものを具体的な形にして実際につくることなのですよ。質問に対する答えにおいては「ここから見るとこうなる」という説明を、図面をパッと見てわかるような表現で行うことが重要ですね。この建物はなぜこういう形をしているのかということをわかりやすく人に解説することが、市役所やデベロッパーといったクライアントを相手にしたときにとても大切になりますよ。よくできていると思います。

榮家：全体としての機能についてはどうでしょう？

崎田：立体型の公園のような形をした公共施設に、店舗などを設置しながらイベントなども行えるように第二段階、第三段階というように分かれています。

榮家：結構立体的ですね。何か理由があるのですか？

崎田：20階くらいの高層の建物が周辺に建てられ始めています。散歩のついでにふらっと寄るためには、10階以下に抑えたいと考えていました。これだと少し高いかもしれませんが、周辺の建物と比べて高さを抑えてつくりました。

藤村：そうすると、さまざまな目的と空間が折半されて散りばめられた公共施設のような感じでしょうか？

崎田：はい。

藤村：バラバラとした空間が多くて集合的な空間はあまりないのですね。

崎田：そうですね。バラバラとした空間が合わさることで建築が生まれて、バラバラを組み合わせることで、この丸・三角・四角という形に分類することができました。これらを研究することによって建築物を構成しています。

藤村：「根源的機能建築」というのは、機能ベースというよりも、どちらかというと「根源的機能建築」というような、アクティビティベースの考え方ではないでしょうか？

崎田：まちに眠っているポテンシャルのようなものを外に出すために、ボイド空間を活用したり建築化したりすることによって計画を立てました。機能がないと言われている渡り廊下であったり、通り抜けの空間であったりというところに人々の行動があるのではないかと考えます。

藤村：わかりました。

満田：根源的機能に関しては、この数で足りているのでしょうか？

崎田：はい。卒業設計を行った段階ではありますが。

満田：ある機能・行為に対してあてはめるというのが、きちんとマッチングしていれば可能性としては面白いのかなと思いました。それがこの形とどう関係しているのかという部分が気になります。

Project
まちを溜める
―ため池とまちの未来の循環構想―
ID008
西尾 依歩紀
Ibuki Nishio
［金沢工業大学］

▶ P.88

山本：これは何ですか？

西尾：生活拠点です。

山本：全体として1つの施設になっているのでしょうか？

西尾：敷地としては2つに分かれていて、1つのため池に1つの計画が立てられています。ため池は、水位マックスからゼロまで人々の生業によって水を抜くので、景観が変わってしまう。

山本：これは同じ敷地なのですか？

西尾：1つの敷地でこちらは春夏を、こちらは秋冬の状態を表しています。

山本：こんなに水位が変わるのですね。

四尾：ため池のメンテナンスのために水を抜くので。

山本：こういう乾燥した状態はどれくらい続くのでしょうか？

四尾：基本的には、水がすべてなくなるまでの2カ月くらいです。

山本：この模型は秋冬ですか？

四尾：基本的には秋冬です。1月、2月にこのような状態になります。

山本：面白いですね。この階段も冬と夏で変化するのですよね？

四尾：はい。底の部分は、鋼管杭を刺してそこに木造を介しています。水位がマックスからゼロになるときに木造だと腐ってしまうので。

山本：計画も発見も、とても良いですよ。

宇野：設計敷地の辺りは、地元でバナキュラーに継承されてきたやり方なのでしょうか？

四尾：こちらの模型で見ると、農業用水として利用されてきた池やその周辺に現在農地が広がっていまして……。

宇野：そういう方たちが、こういった形で農業のために池の水面と水際を使っていたということですか？

四尾：はい。模型2に関しては、地域の農地が都市幹線道路の開通によりすべて消え去ってしまうという状況を受けて、一部を建築の要素として持ち込んだという形です。

宇野：キャベツがすごいですね。あれはトマトでしょうか？ いろいろなものがあって、すごい、完璧ですね。具体的なものづくりが非常に上手で、考えもあるのでしょうね。大きな話題をほとんど話し終えてしまったのなら、ここにある具体的なものも説明できると良いと思いますよ。

榮家：実際につくっている機能はどのように使われるのでしょう？

四尾：例えば、こちらは農耕の起点となる畑に面した拠点なのですが、機能としては農業の余ったものを販売する直売所であったり、育てた野菜を自分たちで調理して食べるようなキッチンであったり。ヨシを刈り取ったら、また農地として使っていくというように循環をつくり出しています。

藤村：これは鋼管杭ですか？

四尾：はい。

藤村：鋼管杭でずっと上がってきたらここでどうなっているのですか？

四尾：面をつくってその上にはさみ梁を支えるための角形鋼管を……。

藤村：真ん中に入っている角形鋼管が溶接されていて、そこに木が挟んであるのでしょうか？

四尾：角形鋼管に木の梁を支えるための木材を1本通して、これらが接続金物で合体しています。そしてそれらを木造で重ねています。

藤村：挟んでいるのはなぜですか？

四尾：スパンが大きいので背が大きくならないために2本にしているのと、2つの梁に柱を挟み込むことで、例えば、農具小屋で農業者たちが自分たちで自由に作業している風景というのを、ある種の……。

藤村：素人施工しやすいということですか？

四尾：そういう意味もあります。

藤村：良いですね。きちんと設計できていて、とても良いなと思いました。ただ植栽が大きいですね。少しスケールアウトしています。

満田：水を抜くのはどのタイミングですか？

四尾：農閑期です。

満田：それで両方使えるように有機的な形にして、上げ下げしているという感じですね。階段は、やはりつけておかなければいけないのですか？

四尾：梯子などでも行けるのですが、常に上り下りできる状態をつくる必要があると思ったのでつけました。

Project
牛舎が繋ぐ地域の和
―信濃町振興計画―

ID028

石原 大雅
Taiga Ishihara

［信州大学］

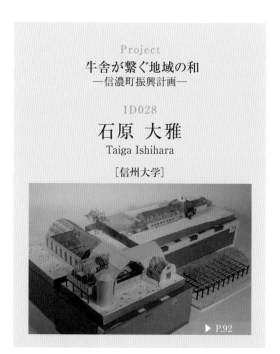

▶ P.92

山本：牛飼いの方は多いのですか？

石原：かつては多かった場所です。今は衰退してしまって、現在2軒しか残っていません。しかし、廃牛舎はたくさん残されていて、それらの牛舎がこのまちの風景を形成しています。ヒアリングでは「牛舎の

風景が失われる」という近隣住人の声を聞き、廃牛舎を修理する酪農家がいたり、愛着を持っている方がいたりしました。また、バスの路線図に牧場の名前が記されていたことから、このまちの酪農や牛舎には都市性とランドマーク性があり、アイデンティティになっているのではないかと考えました。

山本：酪農を復活させたいわけではないのですか？

石原：はい。牛舎を使ってこのまちを振興していきたいのです。

山本：酪農を復活させるわけではないなら、どうするのでしょう？

石原：このまちの資源は牛舎にあって、牛舎がまちを活性化する観光資源に……。

山本：設計した建物の中に牛はいるのですか？

石原：廃牛舎は改修するのですが、牛はいません。

山本：それで観光資源になるのでしょうか？

石原：こちらの牛舎の意匠を応用して、新築する建物には観光牧場としての牛舎を設置しようと思っています。

山本：少し無理がありませんか？ もし、ずっと酪農のまちで生きてきたとしたら、もう一度酪農を復活させることによって観光地化していくこともできますよね。

石原：まちの方と対話をしていく中で、酪農が復活してほしいという話はあったのですが、それは建築だけでは解決できません。

山本：だから、その解決策を考えればいいのではないですか？

石原：逆の視点で、残されている牛舎が新たにまちに来る人たちに、まちへの愛着を持ってもらうきっかけになるのではないかと考えました。

山本：要するに、牛舎の形を生かしてテーマパークをつくりたいのですね？

石原：そうですね。僕はまちを車で走っていたとき、この牛舎に魅かれたのです。

山本：ほかにも面白くて楽しいテーマパークはたくさんあるわけで、そちらに行ってしまうのではないですか？ 魅かれるのはいいのですが、かつての牛舎の生産性は何だったのか、なぜ牛舎はなくなってしまうのか、なぜ酪農がダメなのかといったことも考えるべきです。オーストラリアやアメリカなどの外国から多くの牛肉やミルクを輸入し、国内生産をやめさせようとする国の政策があるから、どんどん衰退していく。

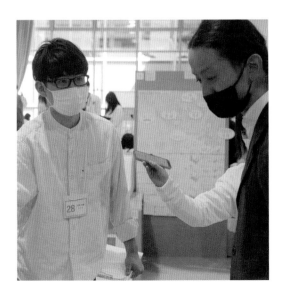

ならば逆に、輸入をやめれば再び発達していく。そういうことがあったとしたらという視点でもいいので、根源のところまで掘り下げて現状に反撃していけたら面白いと思いますね。

宇野：こういった形はヨーロッパから伝わって、日本の近代建築の中でつくられてきたので非常にシンボリックですよね。牛舎だというのがわかる。もう少し小さく、架構と形を考えるとやりたいことが明確に表現できたのではないかと思いました。なぜ牛はいなくなったのですか？

石原：高齢化と、餌が輸入品であることによる会社の経営破綻などが原因で牛がいなくなり、まちの中に牛舎だけが残されています。

宇野：牛をもう一度ここで飼おうという話ではなく、シンボリックな建物として残しておこうという提案なのですか？

石原：はい。

宇野：牛に愛される建築になっているところが良いですよね。そこに理屈と何かしらのデザインがあると受け入れられると思います。

榮家：新しい空間を追加していく手法には何か工夫がありますか？

石原：フェーズ1、2に当たるのですが、これは既存の牛舎を改修していて、飼料や餌を置く場所、仕切りといった牛舎経営者の意匠ができる限り残るように利用しています。

榮家：なるほど。

石原：操作としては、2階のスラブを抜いたり、外にデッキをつくったり。こちらは鉄骨造を少し空間的に広げるため、RCの壁を挿入して上下のつながりをつくって空間を構成しました。

藤村：牛はいないとのことですが、空いている牛舎を活用するという話ですか？

石原：そうですね。まずフェーズ1、2で牛舎を再生して人の居場所をつくり、フェーズ3で牛舎を新築する際に建物の意匠を応用するという提案です。

藤村：牛舎の再生でまちが活性化したら、次の都市が生まれるというイメージですか？

石原：はい。

藤村：下は鉄骨なのですか？

石原：そうですね。

藤村：わかりました。

満田：模型で再現した新築部分はわかるのですが、提案における新築部の位置づけがわかりませんね。

石原：こちらには廃牛舎が、市街地の中には小学校があり、その付近に新築する……。

満田：その廃牛舎をリノベーションして活用しながら、それと似た意匠の何かをつくって地域全体をどうにかしようということですか？

石原：そうです。

満田：わかりました。

Project
住まいと商いの井戸端コンデンサー

ID010
西本 帆乃加
Honoka Nishimoto

［名城大学］

▶ P.100

山本：どこが商店街なのですか？

西本：この真ん中が商店街の道です。ビルの機能を奥に伸ばすために、道もビルの真ん中に伸ばすように設計しています。

山本：ここは壊してしまうのですか？

西本：そうですね。

山本：これはどこまで切り離すのでしょう？

西本：ここは半分くらい壊しているのですが、こちら側の建物はスパン一つ分を壊してつくっています。

山本：これは少し短くしているのですよね？

西本：はい。こちらは1スパン分壊し、こちらは半分くらい壊して侵入している形になっています。いろいろな人たちとコミュニティを共有することで、1棟のビル内で完結している関係性からまちの中にまで賑わいを共有する形に進化させていきたいと思います。

山本：壊してしまうと、プロセスに少し無理がありませんか？

西本：よらを取り締まる方が真ん中の利用権を買い取る形で土地を購入し、そこから使用権を分配してビルの人たちがこの道のここまでで借りるという形で使っていきます。

山本：模型を頑張ってつくりましたね。

宇野：井戸端というのは、水道がなかった時代に都市にやってきた人たちが、井戸に集まって世間話をするという意味ですよね。

西本：そうですね。それも含めて、おばあちゃんと行った駄菓子屋やみんなで遊んだ公園といった思い出に残っているパースというのを都市の中にも……。

宇野：バラバラのものをつないでいこうということですね。井戸端とは、集まっていることを意味しているのですよね？

西本：はい、そうです。

宇野：このタイトルにするのなら、井戸端とは何かというのを大きいコンセプトではなくて具体的に説明したほうがよいと思うのですが、考えたことはありますか？

西本：ここでは、別の機能を持つ人たちが井戸端会議をしている空間を設計したかったのです。ここは繊維業のオフィスなのですが、それがブラックボックス化されているところに飲食店や塾といった、たくさんの異なるものが絡んで生まれる井戸端空間を設計しています。

宇野：バラバラのミーティングが機能的に分かれて建っているけれど、それらが出会う場所をどこかにつくり、そしてそれを井戸端と呼ぶのですね。

西本：そうです。

榮家：ホテル以外の機能の移り変わりについて教えていただけますか？

西本：例えば、このビルとオフィスで見ると、オフィスが飲食店のほうに結構侵入していて、オフィスの人たちがはみ出てきています。元々このまちでは繊維業が有名だったのですが、今その面影はなく、繊維の生産が上のほうでやられていてブラックボックスになっています。そこを、喫茶店にいながら生産の空間を見られるというように空間を広げることで、繊維について知る人が増えていく。この街のことをたくさんの人が知って、お互いのコミュニティが共有されていく、そんな空間を設計したいと思っています。

藤村：下のほうはどうなっているのですか？

西本：元々古い住宅があったのですが、その住宅の機能をこっちに伸ばしていくとショップの軸とかみ合っているところがあるのです。なので、ショップを運営しながらここに住む人もいます。

藤村：下のほうは、あえて光が届くような空間になっているのですか？

西本：そうです。上から下まで貫通している場所があり、そこから光や風が届くようになっています。

藤村：全体としてシャッフルしている感じなのでしょうか？

西本：ここが元々のオフィスなのですが、オフィスの機能をそのまま伸ばしており、こちらは住宅なので店舗の軸を伸ばしています。ショップに変えている階もあります。

藤村：難しいですね。シャッフルがコンセプト。街中を利用して増築

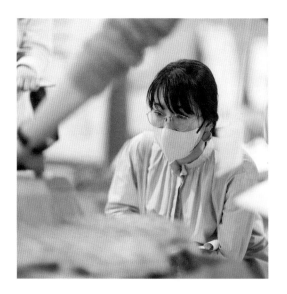

をしていくというのは現代的ですね。

満田：このダイアグラムは概念で、実際はチューブではなくて床とこういったボリュームの連続だという話ですか？

西本：そうです。

満田：コンデンサーの部分にアクセスすることで、ホテルのロビーとほかの場所をつなぐ動線になってしまうので、ホテルではなくなってしまう部分が出てきますよね。それが果たしてよいのかどうかという議論がされてもいいのではないかと思いました。

Project
Kantaga地区再編計画
―自立共生体のための循環的設計手法―

ID018
新井 花奈
Kana Arai

［名城大学］

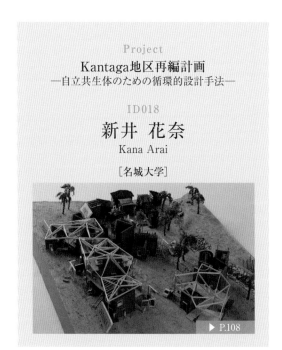

▶ P.108

新井：洪水や経済的な課題を抱えるウガンダのカンタガ地区で、経済的自立をめざす建築のアップサイクルを提案します。

山本：ウガンダには、どんなボランティアで行ったのですか？

新井：現地の生活がどういうものかを知るために、2週間ほど現地の人の家で生活するというものでした。低層地帯にスラムがあるのですが、そこにごみが溜まってしまうことで洪水が起こり貧困の連鎖にもつながっています。洪水の原因は、主に生ごみとプラスチック。それらには価値がないと思われていますが、建材によって価値を生みだすというアップサイクルを考えました。一つ紹介すると、ペットボトルごみに瓦礫を詰めることで手に持って運ぶことができまして、可変性を生む基礎をつくりました。

山本：ペットボトルに瓦礫を入れて囲むのですか？

新井：そうですね。仮設のものをつくるときは、この蛇篭の中に入れて基礎をつくります。

山本：基礎の上には何が建つのでしょう？

新井：ユニット化された壁を置きます。

山本：材料は何ですか？

新井：木材です。現地にあるもの、例えばレンガなどを入れます。

山本：木はたくさんあるのですか？

新井：あります。仮設の建物をつくる際に、まずこの基礎をつくっていきます。

山本：これは仮設建築なのですか？

新井：スラムの住人の技術を得るために最初は仮設から入り、その後に構造体をつくります。個々のまちの生活を分析したところ、洪水対策のための基壇が生活共有の場所として使われていたので、その要素は残すことにしました。新しい構造では、共用の場を象徴として残しながら周りに構造体をつくることで、閉じるのではなく人をつなぐという新しい建築をつくっていきます。

山本：この竹は何でしょう？

新井：これも一つの提案です。元々、個々のスラムでは竹はつくられていないのですが、トイレの設計によって土壌改善を促していき竹が植えられるようになります。そこにコンクリートを詰めていくことで新しい構造体に。

山本：いろいろな提案があっていいのですが、もう少し絞って表現したほうが良いのではないですか？

新井：こういった仮設物を使うことで、技術を得て経済圏が回っていくという意図がありまして、これが材料で構造体をつくって建築をつくるというイメージです。

山本：もう少し材料を選ぶと、より面白くなりますね。屋根は木造ですが、よりつくりやすい形があると思います。建築をつくるというよりもまちをつくるという視点が大切です。

宇野：元々ここに住んでいる人は何を生業にしているのですか？

新井：日本から大量に送られてきた服など、輸入品を買いつけて売るというのを商いにしている人が多いです。

宇野：居住環境を改善して、少し密度を上げるという計画だと考えてよいですか？

新井：環境を改善する建材をつくっていきます。

宇野：現地の建材を使用し、自分たちで技術を学びながら建てていく。ここ以外の場所でもそういったことで頼まれるといいね、という物語になっているのですね。

新井：洪水などの原因も取り除かれます。

宇野：とても良いと思います。どういった機会でウガンダに行ったの

ですか？

新井：2週間ほど現地で生活するボランティアとして行きました。

宇野：日本は裕福な国で、歴史的にも世界的にも弱者ではなく強者。客観的に見ると、日本の若者は比較的良い生活をしているのです。世界に出てみるとわかりますよね。だから、世界をそういった形で見て建築にし、根源や本質というものを考え直すのは大切なことで素晴らしいと思います。小さくても一つでもいいから、本当につくる機会があるといいですね。

新井：将来やりたいと思っています。

宇野：言語の壁もあるかと思いますが、ぜひ頑張ってください。

藤村：柱は竹ですが、梁は木なのですか？

新井：そうですね。たわむので梁はここでつくられる木を用いています。

藤村：屋根はどのようにつくられたのですか？

新井：これは既存のもので、こちらはスラブで。

藤村：こちらは木でつくったのですか？

新井：トタンで張り合わせてつくりました。

藤村：梁は架かっていないのですね？

新井：はい。

藤村：こちらには梁を架けるから大空間になっている。

新井：密度も改善された暮らしになっています。

藤村：これは何でしょう？

新井：最初に仮設のトイレをつくるのですが、土地の循環を促すようなバイオトイレを使っていく場所です。

藤村：それには理由があるのですか？

新井：人数を考えて、この高さのバイオトイレになりました。

藤村：これは何をするところでしょう？

新井：曲がるトタンでつくったバイオトイレの場所で、土の循環をしているところです。

藤村：土の循環をしている？

新井：トイレで使われる土を、ここで循環できるようにしています。

藤村：コンポストセンターのような感じですか？

新井：そうです。

Project

ユリイカ・フォークライフ

ID021

鳴瀧 康佑
Kosuke Narutaki

［名古屋工業大学］

▶ P.104

山本：なぜ「ユリイカ」という名前にしたのでしょう？

鳴瀧：ユリイカは、アルキメデスが浮力を発見したときに言った言葉で、ギリシャ語で「わかった」という意味です。原理を発見するという体験をユリイカとしています。

山本：ユリイカという言葉から何をつくっていくのですか？

鳴瀧：発見するという体験を建築に落とし込みました。表面、物体、様式、社会というようにユリイカを段階に分けて、それを参照して建築をつくっていきました。第一に「表面」のユリイカは、素材をさわったり、確かめたり、においをかいだりすることで……。

山本：「表面」。その次は何でしょう？

鳴瀧：「物体」です。固い物の上に柔らかいものがのっているとか、火で燃えるとか、物体をさわって知覚できるものです。

山本：それから？

鳴瀧：「様式」です。人間の慣習やお祭りといったものを様式と呼んでいます。最後に「社会」があって、のちにそれらが複合されていき、モヤモヤしたものが社会に広がっていくという……。

山本：それは例えば、「表面」だけでできている建物があるということですか？

鳴瀧：いえ、すべての原理を使っています。

山本：それなら普通ではないでしょうか？ みんなそうやっているのではないですか？

鳴瀧：敷地からではなくて、逆から説明しているのです。内部から広がっていくというつくり方なので。

山本：内部に対しても「表面」はあるし、「物体」もありますよね？ 模型があまり綺麗ではないですね。

鳴瀧：バラック的な……。

山本：様式と言っているのだから、バラック的ではなく、ひとつの様式として完成度の高いものをつくってほしい。

鳴瀧：様式として、訪れたみんながバラック建築をつくっていくということです。

山本：バラックに住みたいと思う人はどこにいるのでしょう？ あなたの仮定でつくっていることはわかりますが、誰を対象としているのでしょうね。

宇野：子どもは、動物として生まれて人間になっていく。それを4段階に分けたところがとても良いなと思いました。ところで、これはどこに建てるのですか？
鳴瀧：敷地は僕の地元にあるのですが、詳細は秘密にしています。
宇野：秘密なのですね。
鳴瀧：プロセスを重視し、この建物とそれ以外という関係で設計していますので。
宇野：素晴らしいです。

榮家：これはどこかに存在する敷地に建っている集合住宅ですか？
鳴瀧：僕の地元にあるのですが、詳しい場所は秘密です。
榮家：秘密にしているけれど、どこか具体的な敷地に設定したのですね？
鳴瀧：そうです。
榮家：どういった世帯が住まうのでしょうか？
鳴瀧：モノづくりをする世帯が住んでいます。フォーマットとして段々になっているのは、表面積を増やすことで木材を架けるなどして増築しやすくするためです。住む人自身が増築していくという流れになっています。
榮家：なるほど、わかりました。

藤村：子どもをキーワードに説明していたのはこの部分ですか？
鳴瀧：そうですね。子どもをロールモデルとして扱っているので、実際は60代の人も住めるのですが、もし3歳の子どもがこの建物を探検したらこうやって見ていくのではないかというものです。
藤村：ユリイカは「認識するのではないか」という意味ですね。
鳴瀧：そうです。
藤村：これはオブジェクトレベル。
鳴瀧：そうですね。これは「表面」というレベルで、これは「表面」で

は理解できないもの。
藤村：こちら側は……。
鳴瀧：慣習とかそういうものです。
藤村：深層的という感じですかね。

満田：テーマとしては重い印象ですね。結局この模型をつくることで、先に様式が存在してしまっているというのが、変な逆転というか矛盾というか。根源的な問いを発しているように感じました。
鳴瀧：なるほど。

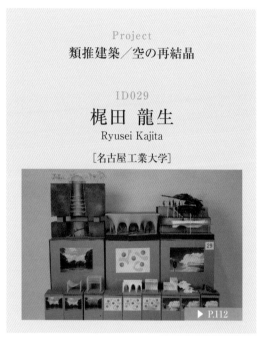

Project
類推建築／空の再結晶

ID029
梶田 龍生
Ryusei Kajita

［名古屋工業大学］

▶ P.112

山本：白い小模型がパターンですか？
梶田：そうですね。3つの白い小模型と1つの大模型がセットになっています。
山本：中心の空間の、柱のようなものが途中でなくなってしまうのはなぜですか？
梶田：雨を表現した空間なのですが、水滴音を空間に与えて音を全身にまとうという……。
山本：誰のための建築ですか？
梶田：真ん中の空間でしたら本を読んだり……。
山本：建ててほしいと頼んでいるのは誰でしょうか？ 図書館員ですか？
梶田：このような空間をつくってほしい人です。新しい図書館の形になるかもしれないですね。
山本：本棚がないので、図書館にはならないのでは？
梶田：確かに、ならないですね。雨の日の落ち着く空間を形にしてみたいと思ったのです。発注者については、具体的にイメージができていませんでした。
山本：そうなると、よくわからないですね。建築には必ず発注者がいるので、その発注者が誰なのか少し説明が足りないのではないでしょうか？ この模型は何ですか？

梶田：プログラムとしては船着き場になっており、船着き場を覆うように雲のような空間をつくっています。

山本：屋根なのですか？ 先ほどの自然現象の話もそうですが、基本は今までの建築に比べて使いづらい建築ですね。

宇野：空と造形がポイントだとするならば、もう少しポエティックに説明できるとプレゼンの印象がガラッと変わってよいと思います。造形においては3つともタイプが違うので、どれが一番気に入っているのかを決めておかないと、客観的に何でもあり得るという話になってしまいます。それか、徹底的にいろいろな種類を、例えば50種類くらい考えるとグッとインパクトが出てきますね。

梶田：ありがとうございます。

宇野：頑張ってください。

榮家：最初のドローイングはどうやって書き出したのですか？

梶田：まず空というテーマだけ決めて、言語化する前に手を動かして自分が空に抱くイメージ、暗黙知を引き出していくイメージです。

榮家：言葉は後から登場したのですか？

梶田：そうですね。何を意味しようとしていたのかを考えながら建築の前に仮説を立てました。

藤村：この事例というのは1340でしたっけ？

梶田：作品数としては336事例ほどです。

藤村：336の言語分析をしたのですか？

梶田：はい。メタファーが336事例あり、そこから構成要素に分解されたものが1343事例です。それを、どのように空間化しているのかを研究しました。

藤村：この3つの模型はどういったメタファーでできているのですか？

梶田：雲、雨、晴れの広がりです。

藤村：なるほど。この雲はどういう言語でできているのでしょう？

梶田：刻々と変化していく表情の移ろいというものを表現しています。金属に虚像が映るような、空や人といった手に取ることができるようなできないような、さらさらとしたイメージを虚構として……。

藤村：ここにメタファーが物体に置き換えられる隙間、ずれがあるのですね。

梶田：はい。この金属屋根の部分の方向を建築家の言説をもとに研究しました。

藤村：言説的には、こういった形が普通なのですか？

梶田：大まかには、そうですね。より具体的な形にするには、僕の恣意性が入ってきますが。

藤村：そこに対しての批判はないのですか？

梶田：批判ですか？

藤村：ワンパターンの建築も多い気がするので。

梶田：研究したものの中に僕の好きなイメージのヒエラルキーがあり、そのイメージを上位に空間化していきました。

藤村：なるほど。

満田：この部分はハリボテなのか、形態を表しているだけなのか。何でできているのですか？

梶田：断面図を見るとわかるのですが、コンクリートが1層あって、上は開いています。

満田：コンクリートの皮になっていて、空洞で中に水が入っているということですか？

梶田：はい。降ってきた雨をためます。

満田：なぜ蓋をしたのでしょう？

梶田：模型の形的につくれなかったのです。

Project
まちへ還るダンチ
―暮らしが染み出す団地の減築レシピ―

ID038

金子 樹生
Itsuki Kaneko

［名古屋工業大学］

▶ P.96

山本：今は住居ですか？

金子：今は団地の状態です。

山本：なるほど。この屋根は今もついているのですか？

金子：はい。

山本：面白くなるかもしれませんね。

宇野：これはRCでできた公共の団地？ 県営住宅でしょうか？

金子：そうです。

宇野：耐震補強をしなくてはいけないのですか？

金子：その必要はないのですが、空き部屋をぶち抜いているため、耐震補強も兼ねています。

宇野：RCを両側からこれだけ使うと、耐震補強をより強力にできますし、面白くて良い案ですね。道がぐちゃぐちゃとしていますが、あそこは通り抜けられるのですか？

金子：はい。1階の空き部屋をピロティーにしています。空き部屋はこの団地ならではの形なので。

宇野：僕らが昔行なった東京計画を知っていますか？

金子：知っています。

宇野：あれより優れていますよ。リアリティがあって良いと思います。

榮家：こちらにはポコポコがたくさんついていますが、こちら側にはないのですか？

金子：こちらにもつくのですが、架構を見せたかったのであえてつけていません。同じように北側にもつけるつもりです。

榮家：このポコポコしたところは、どんな使われ方をしているのですか？

金子：これはターゲットとして設定している5つの住まい手に、どういった暮らしの必然性があるかというのが外に染み出していき、住みこなしが重なるようにくっついていくイメージです。

榮家：わかりました。

藤村：南側の斜めのフレームが取りつけられている部分は、屋根がない空間なのですか？

金子：はい。

藤村：構造補強のためにブレスを置いていくイメージでしょうか？

金子：そうですね。その後は、住む人に庇などを取りつけていってほしいのです。

藤村：壁量があるので、それほど構造補強はいらなさそうですが。

金子：一応という感じですね。

藤村：どちらかというと北側のほうが弱そうですよね。北側につけるべきだと思うのですが、どういう意図でつけていないのでしょう？

金子：構造補強というよりは、斜めというアクティビティを考えてこのフレームをつけたので。

藤村：外部空間というイメージですか？

金子：そうですね。

藤村：構造補強にしてはあまり効いておらず、外構空間をつくるにしては屋根が架かってないという点でどちらも中途半端な気がしました。無駄なコストを使っているようで補強が生きていないですね。もう少し大事に使ったほうがいいのではないかと思います。

金子：はい。

藤村：この斜めの形を生かせるといいのですが。

金子：日当たりを考慮して斜めにすることを考えました。

藤村：例えば、どういうことですか？

金子：既存住宅の南側が元々ベランダのラインなので、あまり環境を変えることなく、グレーチングなどを使用して外側につけたいという思いがありました。

藤村：自分で課題をつくって自分で解いているという感じがしますね。

金子：自分で課題を解いているというのは……。

藤村：日照が悪くなるような要素を自らつくり出しておきながら、半透明にすることで問題を解決しているという感じがしてしまうのですが、やりたいことはわかりました。

満田：単純に増築ということですよね？

金子：減築をして……。

満田：減築ですか？

金子：はい。5階建てのところを減らし、空き部屋をスケルトン化して共有の空間を増やしています。

満田：そこまでしているのですね。このフレームの素材は何でしょう？

金子：鉄骨です。

満田：先ほど補強の話がありましたね。団地はコンクリートの壁があるので、フレームを入れたところで構造的に効かない気がしますが、デザインとして悪くないと思います。

Project

浄水回廊
―下水処理プロセスの体感型ミュージアム―

ID055

宮脇 由奈
Yuna Miyawaki

[名古屋市立大学]

▶ P.116

山本：それぞれの箱は処理場の水ですか？

宮脇：はい。細長いのが最初沈殿池で、正方形の箱のようになっているのが生物反応槽です。最後、最終沈殿池できれいになります。

山本：最後はどうなるのですか？

宮脇：最後はきれいになった水が、ここでろ過されていきます。

山本：浄化槽と同じようなシステムでしょうか？

宮脇：そうですね。

山本：何か新しい提案はあるのですか？

宮脇：今回設計したのが、真ん中に差し込んであるものです。水を通して中に光を入れることで、水の濁度の変化に応じて空間の明るさと、ビオトープの植生が変化します。

山本：臭いなどは大丈夫なのですか？

宮脇：壁を隔てれば気にならない程度に、防臭の機能がついています。

山本：処理場の設備はきれいだけれど、新しい設備計画で、建築的提案ではないのですね？

宮脇：はい。

宇野：施設は縦で何mくらいあるのですか？

宮脇：50mくらいですね。

宇野：あの人の大きさだと、もう少し長いのでは？ すごく良いアイデアですね。

宮脇：もう少し大きいですね。ありがとうございます。

宇野：谷口吉生さんが設計した広島の建築を見に行ったことはありますか？

宮脇：ありません。

宇野：なら、ぜひ明日にでも行ってみてほしいですね。技術的なことがあるので、実際はこれほどきれいかどうかはわからないのですが、廃棄物・ゴミ置き場を谷口さんは素晴らしくつくっているので実際に見て考えてみるといいですよ。この提案に関しては、大きさが重要だ

と思いますね。今は実際に何かあるのですか？ 普通の浄水場でしょうか？

宮脇：今は下水処理場があって、ほかは全部計画予定地です。使われていないところとしては、キャンプ場や公園、レジャー施設、メガソーラーがあります。

宇野：できるだけ自然勾配を使ってやろうというセクションもすごく良くて、それがここに出てくるといいのですが。結果的になのか意図的になのかはわからないけれど、これに対して斜めに水が流れていたら、変だけど面白いですよね。この浄化するプロセスがはっきりと見えて、それが光の加減で体験できるというアイデアは良いし、素晴らしいと思いました。模型の木を植えているところは、どういう意図でつくったのですか？

宮脇：そこはビオトープです。ここで浄化した水を琵琶湖へ流すまでに、ビオトープで窒素やリンを吸収します。

宇野：そのための土壌でもあるのですね。アイデアは良いですよ。

藤村：家族連れが巡るようなイメージですか？

宮脇：そうですね。ついでに来てもらえたらいいなと思います。

藤村：ミュージアム以外には特に機能はないのですか？

宮脇：はい。

藤村：何か設けてもよさそうですけどね。

宮脇：そうですね。最終的に琵琶湖の湖岸にたどり着くので、そこで湖を見ながらゆっくりできるカフェのようなものがあってもいいのではという助言を審査会でいただきました。

藤村：そうですね。もう少し何かあると面白いと思います。

満田：ここの空間を、ガラスやアクリルといった透明な素材に変えるという空間の話は理解できたのですが、それ以外の魅力がよくわからなかったです。

宮脇：下水処理場の濁度の変化によって空間が変わります。それによって琵琶湖で見られる植物も濁度の変化、明るさの変化に応じて変わるように設けられているのです。

満田：下水処理のときの濃度に合わせた植生の話は少し違和感があります。琵琶湖の水の話ではなくてあくまで下水の話ですよね。だから、下水の濃い状態に合わせた植生とは何だろうと疑問でした。

宮脇：下水の濁度の話というよりは、下水を空間の明るさというフィルターを通して空間化しているので、それに応じて……。

満田：そこがよくわからなくて。琵琶湖の植生の在り方は琵琶湖の水に関連するわけですが、陸地にあるまちで発生した下水の濃度の処理段階での変化と琵琶湖の植生とを絡めるのが無理やりな感じがするんですよね。

榮家：どこから人が入ってくるのかを教えていただけますか？

宮脇：こちらから入ってきます。

榮家：実際はこちらとくっついているということですかね。

宮脇：はい。そして、ビオトープの水位といった変化にも応じています。

榮家：ビオトープがこちらの水の影響を受けていて、それを見ながら歩いていくということですね。なるほど、わかりました。

藤村：人口島全体としてはどうなっているのですか？

宮脇：すべて計画地なのですが、ここは結構大きなメガソーラーがある公園やキャンプ場で家族連れが来るような感じです。

質疑応答

●ID008 西尾依歩紀「まちを溜める」

西尾：大阪府の堺市にある菅池と森池という2つの溜め池です。まちの文化を溜めて、活用し、実践していく生活拠点です。手前の農耕拠点には、農園で収穫した野菜を調理する場や、周辺の農地や農園で余った野菜を売る直売所、掻い掘りという共同作業を行う拠点があります。

山本：水があるときとないときで景観が異なるので、建物の使い方も変わりますか？

西尾：水の量が0から100になるのは、溜め池の一つの個性だと思っています。水が溜まっているときは、桟橋をつないで親水空間となり、水がなくなって下まで降りられるときは掻い掘りをするための簡易的な拠点になります。ヨシの浮島はアンカーで地面とつながり水位変動に追従し恒常的な水質浄化や資源循環を生み出します。

宇野：水が溜まっているときは、絵があるためわかりやすいけれど、水が空になったときの建築的工夫や景色のデザインについて教えてください。

西尾：初期の段階では泥になると思いますが、天日干しがされる中で最後の1カ月間くらいは乾いて——。

宇野：泥が乾いてしっかりしたものになって、そこで人が何かできるということですね。

藤村：大きく言うと、池に降りていくための建築、池と人間が近づくための建築ですね。今回、柱と梁がしっかり組まれているのを想像して図面を描いている人が少なかったです。その中で特に、柱を挟むような簡単なつくり方をしており、何か狙いがあるのでしょうか？

西尾：一つは、施工プランを考えたうえでの計画です。2029年に都市幹線道路が開通するため、それまでの6年間で秋と冬には水がなくなることから、その期間に施工しなければならず、突き刺すだけで基礎が必要ないことで、急速な施工ができるようにしています。三方をとりあうように柱と梁を計画したのは、複雑な建て方が必要ないと判断したためで、簡易的かつ早急に施工ができるのではと考えまし

た。

藤村：もう少し思想的なところで言うと、溜め池を介して循環があるという説明をしていたので、循環について強調してもいいのでは。「Kantaga地区再編計画」のように、自ら考えた工法でつくったことも、もう少し主張してもいいのではないかな。

榮家：模型や図面を見ると、平面的に飛び出たり引っ込んだりと、池に沿って連続的な操作をしているように感じられました。なにか、一種の風景をつくりたかったのではないでしょうか。水面側ではなく、まち側のほうで考えていることがあれば教えて欲しいです。

西尾：一つ考えていることとして、密度の高い建築をつくりたくなく、溜め池という都市の中の大きな気積のようなものを残したかった。そのうえで人々の居場所も両立させるため、空隙を設け、池と一体のものを考えました。

榮家：水面に建築が入り込んでいくように、まち側も人が自然と入り込んでいく、隙間などの場をつくっているように感じました。まち側の話もすると良いと思います。

●ID010 西本帆乃加「住まいと商いの井戸端コンデンサー」

山本：最終的に、渡り廊下のようなものがX軸とY軸の両方にでき、そこに屋根がのっているということですか？

西本：はい。ボリュームとして空間として現れているところと、外部の道として現れているところへと変わりました。

宇野：井戸端空間が、どうなっているか説明してください。

西本：井戸端空間として設計していきたい空間、つまり、愛する地元として頭の中に残る風景。それがどのようにできるかを考えたときに、通学路で歩いているとか、オフィスで仕事をしているとか、何かをしているときにふと見たところに誰かの行いが見える空間があると記憶に残ると思い、それをつくっています。

宇野：本当につくったら面白いと作者本人が思っているのが作品

にも表れており、普通の建築の設計からするとぶっ飛んでいるけれど、妄想力は建築にとって重要なものであり、よく長者町でこれほどのことを考えたと思います。

満田：模型を見ても、何層かわかりません。

西本：各ビルの各階の高さが異なるため、4層くらいの高さになっています。

満田：図面を見ると、1階と2階の2カ所に帯が描かれており、ぶっ飛んだことをやっているけれど、柱がきちんと通り、構造がしっかり考えられていて感心しました。

藤村：現実的には共同建て替えで、全員でお金を出し合わないといけないため、巨大な再開発ビルと、それほど変わらないのではないでしょうか。きちんと独立したものをつくるのにどのような建築的な手立てを考えていますか？

西本：それぞれのビルが各々所有している土地があるため、区画の中のビルの1つに、吉田商事が率いている長者町協同組合があり、その中央の土地の利用権を買い取る形で——。

藤村：つまり、吉田商事がデベロッパーになるということですね。大きな資本が倒壊したらこれができるのはわかります。でも、「コモン」と呼ぶみんなの空間が、このメガストラクチャーでは巨大過ぎて、ビジョンが古いように感じました。

榮家：ビルにもいろいろな職業や使われ方があり、ビルそのものの個性があります。それらをつなげることはかなり暴力的なことです。つなぎ方について考えたことはありますか？

西本：繊維を営んでいるのが緑のタイルの2カ所で、繊維に対して、飲食店といった新しいところがうまく合致せず入っているので、区画内に新規で入った人たちとつなぐようにしました。また、都会の住宅

に庭がないことが多いのに疑問を感じ、都会でも、庭が自宅の1駅先にあり、休みの日には畑作業ができる環境も良いのではないかと思ったため、いろいろなまちの人が借りに来る農園をつくっています。

榮家：公共の中にある暗さが、ビルの裏の良いところの一つであるとも思います。すべて明るくてオープンなのは、私には少しホワイト過ぎるように感じました。もう少し表裏一体の濃淡がある計画になると、さらに面白い提案になるのではないでしょうか。

●●●ID013 﨑田真一朗「根源的機能建築」

藤村：立体型の公園に店舗が付随した公共施設の提案がとても良い。しっかり行動を見て計画することで、室と室の間に心地の良い空間ができるという考えで人が集まる場をつくっている。ただ、公共施設とすると、ハコモノに見えてしまうのが懸念点としてあります。人の行動のきっかけとなるような場所を全体にちりばめて立体化していくという、まさに立体公園のような公共空間のつくり方であり、バラバラでもあり得るという離散的に建築をつくろうとしたチャレンジに共感しました。

山本：広い場所の中にハコが挿入されていますが、廊下なども含めたグロス（面積）は大きいけれど、占有面積であるネット（面積）の空間が小さいため、レンタブル比が非常に悪いですよね。レンタブル比が悪い広い場所を公園的に利用するのが、あなたのやりたいことですよね？

﨑田：そうです。

山本：ハコの中には何が入っているのですか？

﨑田：基本的に服屋や飲食店などの店舗で、小さな事務所用のオフィスも入っています。

山本：どういう店舗で、夜はどういう人がいるのか、公園にはどういう人が来るのかというイメージが少し希薄に感じられます。

﨑田：基本的に多種多様なジャンルの店を計画しており、中には、いつまでも続いて残っていく店舗も、もしかしたら存在します。いつまでも続く店舗こそ、この地域を支える店舗として長くあり続けるのではないかと思っています。

山本：私は共同体に住む空間を「地域社会圏」と呼んでいます。住むところと働くところが一緒で、ラーメン屋をやっているけれど住んでいるとか、設計事務所をやっているけれど住んでいるとか。そういう仕組みでまちが出来たほうが良いと思います。そういう住み方や使い方で、まちの活性化は考えましたか？

崎田：そこまで考えていませんでしたが、この中で生活したり働いたりする場所にできるかもしれません。

宇野：平面図のプランを見ると、駅前のランドスケープを検討しながら、ハコのジオメトリーを一生懸命考えて、上を複雑化し、通りを立体化してみたのでしょう。とても良いと思いますが、提案する公共施設が建つことで、駅前全体にどのような良いことがあるかを伝えてもらうと心に響くと思います。

藤村：一見、「住まいと商いの井戸端コンデンサー」とビジョンが似ていますが、そちらはコモンスペースで、所有者のいる少しだけ閉じたネットワークを強化するもので、少しメガストラクチャーになっていました。一方で「根源的機能建築」は、どちらかというとパブリックスペースの中に機能をいろいろ付加することで、コモンのようにするビジョンかと思いました。今、公園は都市の中でも人が非常に集まっており、パブリックスペースの創出としては大きいので、そこを建築にすれば、人が集まる場所になるかもしれないというビジョンが語られると良かったと思います。

●●ID018 新井花奈「Kantaga地区再編計画」

新井：東アフリカの一部である、ウガンダのカンタガ地区に、商い付きの住居と公共トイレを設計しました。実際に2週間ほど滞在してボランティアのような形で、現地の家でホームステイをしました。現地はスラムのようなところで、日本などから使われなくなった服や家具を買い付けて現地で売るという職の人が多いです。買い付けが多いので、自分で技術を身に付けることが大切ではないかと考え、仮設住宅をつくる工程で技術を学べる計画にしました。

山本：現地で手に入りやすい材料を使って住宅をつくるということですね。ペットボトルの頭の部分を取り除き、そこに採石を入れるのですか？

新井：まず、工事の過程で仮設の家をつくる必要があると思い、そこから、ペットボトルに瓦礫を詰めて、手で運べる仮設の基礎を考えました。基礎の上には、ユニット化した木組みの壁を使います。それは仮設なので、使い終わった後に取り外せるようにしています。中には、年中採れる材料を詰めます。例えば日干しレンガなどで枠を埋めて壁をつくっていきます。

山本：竹も使っていましたよね？

新井：竹は柱に使っていますが、竹のみだと弱いのでコンクリートを詰め、しなるのを防ぐために鉄筋も使います。

満田：竹筋コンクリートの説明に、鉄ではなく竹にすることでコンクリートの中性化はしないと書いてありますが、どういう意味ですか？

新井：鉄筋では中性化などが起こって脆くなるけれど、自然の素材を使うことで、そのようなことが起こらないのではないかと考えています。

満田：中性化による錆の問題は生じない、という意味ですね。コンクリートの中性化は、中の素材によらず生じますのでそこは注意してください。コンクリートに竹を入れてもよいですが、竹には鉄ほどの性能はないので、スラブとして使える面積は鉄筋コンクリートに比べかなり小さくなります。自然素材のみで設計しようとしたのは好感が持てますので、もっと材料の勉強をしてその良さを伸ばしていってください。

宇野：今の私たちの知識を使いながら、現地にあるもので現地の人でも新しいものをつくることができれば素晴らしいと思います。ただ、実際につくることを考えないと仮想で終わってしまうので、今後も考えて欲しいと思います。実際につくるのがやはり大切だと思います。いくつかサンプルをつくっていたので、同様に、小さくても構わないので何かつくるといいのではないかと思いました。

榮家：実際に自分でもつくれるという提案なので、新井さんがどの程度実際につくってみたかが重要だと私は思っています。プレゼンシートのアイデアの中で、自分で一度はつくってみたものがどの程度あるか聞きたいです。

新井：つくったのは8つ中、5つです。

榮家：つくってからフィードバックし、そのやり取りのなかで今回の絵になっているということですね。

ID021 鳴瀧康佑「ユリイカ・フォークライフ」

山本：特に実証されたわけではなく、想定で、表面・物体・様式・社会という4つのカテゴリーを使って設計しているのですね?

鳴瀧：はい。子どもがものを見たときに認知するプロセスとして3歳から18歳までの過程を順番にたどりながら、部分から全体に広がるように設計しています。敷地からコンテクストを得て全体から解像度を上げる通常の方法ではなく、その逆をやりました。まず3歳の「表面のユリイカ」では、例えば壁をさわったときに手が汚れることを素材の情報量と考えることでトレーサビリティを高める。それが原理の発見をもたらすと考えています。その次に「物体のユリイカ」。固いコンクリート構造の上に柔らかい木造がのっている。重力に対抗する姿を可視化するものとして表現しています。次に「様式のユリイカ」。先ほど立ち上げたコンクリート基礎の内部に仕事の空間を入れ込み、生活者はその仕事空間を通ってしか生活空間に行けないため、動線的かつ視覚的に豊かな生活の中には生産があることを示しています。そして最後の「社会のユリイカ」。コンクリートから真正面に立ち上がらず、模型が若干ずれているところなど、2個の基礎を共有して立つことで、その集落を全体として1つの自分の帰るべき場所だと提案します。

宇野：話は面白いけれど、それらの効果がどこにあるかわからない。それから、コンクリートをさわるともものとして認知するのはわかるけれど、果たして建築の提案になっているかがわからない。コンセプチュアルや抽象には、それなりに力がありますが、いつまでも話が抽象的なので、なかなか具体的には伝わってきません。そのあたりを、もう少し考えると良いと思います。

榮家：4つについて1つのトピックで説明しましたが、もっといろいろな要素が入っているのですか?

鳴瀧：はい。例えば「様式のユリイカ」は構造体の表面積が少し広く、いろいろなところにゆとりがあるものを使っていますが、その隙間を用いて住人が自由に改造していく様式を思い描いています。

藤村：住宅は解剖学的に建てられなければならないと宣言したものが「アフォリズム」であり、今は建築の主流としてどちらかというと解剖学よりも生態学を求められています。アフォーダンスや場所での過ごし方などに触れられる中で、なぜ解剖学を選んだのですか?

鳴瀧：パウル・クレーが解剖学とは心理学であると言いましたが、物体を知ろうとする欲求自体が解剖学的であり心理学的であるため、子どもの知りたい欲求により建築を考えました。

藤村：出発点としては良かったけれど、単純な形からスタートしたのに最後は複雑な形になっています。複雑な人工物をつくるのに必要なユリイカであると、応用できるような説明にすると理解を広げられたと思います。

鳴瀧：ある種の考え方のスタンダードを提案しているところがあるので、もう少し広がりを持つように提案できればと思います。

ID028 石原大雅「牛舎が繋ぐ地域の和」

山本：牛舎の計画ではないので、牛はいないのですか?

石原：自分が計画した場所には牛はいないです。

山本：テーマパークのようなところを計画しているんですよね?

石原：自分の中であまりファンタジーはイメージしていませんが、人がこの牛舎に惹きつけられ、まちに人が集まるような場所を想定しています。レストランと温泉、キャンプ場、移住者のための仮住まいがあります。

山本：住宅も計画しているのですね。牛舎だったところの中の一部に、住宅も入っているのですか?

石原：一部に、住宅を再生したものがあります。

山本：マンサード屋根の建物がたくさん並んでくるわけですね?

石原：そうです。

山本：たくさん並んだらきれいですね。木造ですか?

石原：1階が鉄骨、2階が木造のギャンブレル架構となっています。

山本：ゾーン全体がテーマパーク化されているけれど、そこに牛はいないのですか?

石原：現状として酪農が衰退しており、生業へとこれから発展させ

ることはできないと思ったため、残っている牛舎を使い、別視点でまちを盛り上げていこうと考えました。

宇野：かなり大きい架構と、それをある割合で小さくしたものを並べていますよね。一番大きいものの寸法をどう決めたかが1つめの質問で、2つめは、中型はどういう考えのもと、小さくしたのか。その2つを教えてください。

石原：一番大きなものは、既存の牛舎をもとに13mにしました。中型と小型に関しては、左下の通路に人が通れるくらいの寸法にし、その中で一番小さいものにしました。

宇野：それでS、M、Lにしたということですね。牛もいないし牛舎もなくなった新築に何が残ったのか、つまり、地域のシンボルとしてマンサードの形が残ったという考えであり、それこそ、この地域にとって大切だったということですね。

石原：はい。

山本：こういうテーマパークをつくるなら、チーズや牛乳、焼肉、ワインも絶対あるべきです。

石原：牛がいなくなってしまうことから、体験牧場を給食センターに併設し、まちの魅力を発信する場にできればと思っています。

宇野：では、牛が新たに来るのですね？

石原：想定は一応しています。

宇野：もう一度牛が来れば、観光地としても良くなるのでは？ 遠い先かもしれないけれど、観光地にすれば、日本の酪農をもう一度復活できる可能性がありますよね。そこまでできると面白いです。

藤村：産業遺構なのか、産業を復活させるための新しい産業の装置なのかによって、作品の見方がだいぶ変わると思います。酪農は空洞化したけれど、建築によってもう一度、新しい生業を復活させられるというビジョンのもと語るほうが、建築の力として共感しやすいと思います。単に屋根を復活するだけでなく、その下に生業を復活させて、住民がいて観光客も寄って来たら、乳製品をまちの外へ出荷せず、地域内で消費できるようになるのではないでしょうか。そのように取り組んで欲しいと思いました。

●●●ID029 梶田龍生「類推建築／空の再結晶」

山本：どこに美術品を飾るのですか？

梶田：具体的な建築として設計しておらず、純粋な空間を3つ提案しました。ここは空の広がりを体験する空間で、空間自体を展示する場所としてつくりました。それから、ここは木々の中にあり、そこで自分

の場所を探して、本を読んだり、考えごとをしたりなどします。

宇野：建築というより、アートのオブジェをつくったという説明のほうがすっきりします。でも、これを建築だと言っているので、建築である根拠を説明してください。

梶田：寸法を与えていることだと思います。人が使うにあたり、人のスケールをもとに空間が成立しているところを、建築と呼びたいと僕は思っています。

宇野：ヒューマンスケールと建築的寸法を入れたから空間が現れるかというと、別な話だと思います。それから、自然現象をモチーフにして非常に敏感な形態をつくっているので、自然現象に対して変化するところがポイントになると思いますが、少し造形や考え方に寄り過ぎて、やや拡散してしまった印象を受けています。ただ、悪くはないと思います。

藤村：verbalに「小領域」「展開性」「ノイズ」に置き換えて空間に転換すると、転換時にノイズが入って純粋ではなくなります。verbalに置き換えず、形だけでランゲージをつくることはできないのですか？

梶田：できるだけ言葉から入らないよう抑制はかけています。言葉から入らないよう、自分の中でドローイングと言葉を対立させ、ドローイングは感覚面から導く人とし、一方で言葉は、定義を明確にする人としました。ただ、今回の空間では、言葉から考えてしまった面があります。前段階のドローイングはできるだけ感覚から入るようにしました。

藤村：先ほどの宇野さんの質問への正しい返答は「人」ではないでしょうか。寸法は建築の主だから言葉で置き換えないのに対し、イメージと寸法だけでこの形はできているという説明ができると、それはそれでピュアなものになるかなと思いました。

満田：さらに突き詰めると、例えば希望の形にしたいときに、無理や

りその形に仕上げる方法もあるけれど、梶田さんはそういうことを試行していませんよね。中央の模型も構造がどこにあるのか。側面は構造になっており、基本的に上は空っぽで、下の底に漏斗状の水がある。そうすると、実は構造体が表面そのものだということになり、この形で良いのかは疑問です。

山本：宇野さんからの質問に、建築だと答えたのは良かったけれど、建築にはなっていません。本を読むとしたら、本棚やアーカイブが必要です。今の何もない状態で、私たちが建築空間として審査するのは非常に難しい。

藤村：寸法、使い方、構造が建築にする手がかりだと思うので、そこをもう少し考えましょう。伊東豊雄さんは建築になるかならないかのギリギリを探求しています。そのように攻めた建築を考えるのは非常に意味あることだと思います。

●●●ID038 金子樹生「まちへ還るダンチ」

山本：斜めのストラクチャーを入れた理由は？

金子：まず、新興住宅地に団地ができたことで周りが発展しているので、その住宅とスケールを馴染ませたかったからです。そして、後からくっつけていく仕掛けと、この斜めの相性が良かったからと、1〜3階の共有空間の大きさが各々変わることで、今後住む人が選択できるようにし、かつ、空間のリズムをつくるためです。

山本：テラスのつくられ方として、既存の建物から距離を離すこともできるし、近付けることもできるし、高さもさまざまに与えることができ、とても面白い。素朴だけれど、非常に可能性があると思います。

宇野：金子さんは、自分が住んでいたアパートを非常に素朴な考え

方で手を加えただけなんですよね。でも、この団地があると、おそらく周りの関係が劇的に変わるでしょう。非常に地味だけれど、現実に対するある種の過激さがあり、あり得るかもしれない。建築基準法により団地内は部外者が入れないようにつくりますが、これは周辺の人も中に入れるのですか？

金子：1階の空き部屋をぶち抜いたところは、周りの人も使える空間にしています。空き部屋が増えても、まちで使われるよう願いを込めて設計しました。

宇野：鉄骨でつくると、腕前次第で格好良くつくれます。デザインにももう少し関心を持つと良いですね。

榮家：コロナ禍だからより共感できました。家の外ではなく、家の奥に外のような場所をつくるという新しい考え方ですが、ただ1つ気になるのは、配置の模型においてまったく同じ棟が並んでいること。おそらく棟によって斜めの材の角度を変えたり、棟同士の間の空間を検討すると、もっと多様な場ができるはず。ランドスケープをつくることと斜めのストラクチャーをつくることが一体になっていると、もっとエリア全体の話になったのではないかと思います。

藤村：大事なのは、個に分断された際にコモン空間をつくること。そこに、このストラクチャーの最大の意味があると思います。そこの提案や説明、目的があると良かったです。

満田：耐震壁が十分にあるため、耐震性能上の理由からは斜め材は必要ありません。斜め材を設けたいのであれば、ワイヤーなどのもっと細い線にすると、また雰囲気が変わってくるでしょう。

金子：団地に住む人はいろいろな事情を持っています。その人たちの切実さが団地の壁の中に収納されてしまうのに対し、自立とは依存先を増やすことという定義のもと、外に開かせます。つまり、空き部屋などが斜めのところに染み出し合う状況をつくりたいというのが一番の大きな目標でした。

藤村：山本さんの『熊本県営保田窪第一団地』において、限られた人が使うなど、限定的につくらないとコモンが発生しないと主張しています。つまり、パブリックアクセスができると外の空間になってしまうので、住民のための空間として機能する建築装置としては、少し説明が弱い印象を持ちました。

	008	010	013	018	021	028	029	038
山本			○					
宇野	○							
榮家			○					
藤村			○					
満田						○		

審査結果

　8名のファイナリストと5名の審査員による質疑応答の時間を経て、最終投票が行われた。今回は審査員の多数決により受賞者を選出。結果は3票を獲得したID013﨑田真一朗さんが最優秀賞に選ばれ、1票ずつ獲得したID008西尾依歩紀さんとID028石原大雅さんが優秀賞を受賞した。

　今回出展された作品はいずれも、それぞれの強い想いが表現された素晴らしい作品がそろった。最後に審査員より、すべての出展作品から個人賞が選出された。

最優秀賞
◉◉◉ID013 﨑田真一朗「根源的機能建築」

山本：「立体公園」と言っていたけれど、空いたところはいろいろな使い方ができると思います。喫茶店であればテラス席になるだろうし、さまざまな形で屋外が使えると思います。その使い方も一緒に提案してくれると良かったです。「立体公園」というのは、住んだり働いたりいろいろな使い方をする建築としては、かなり可能性があるように思いました。そして、﨑田さんが本当に楽しそうにつくっていることに好感が持てました。一等賞にどれを選ぶかとても迷いましたが、「根源的機能建築」は、建築としてきちんとつくられています。つまり、エレベーターがどこにあるか、どういうプランでどう使うかなども考えられているし、きちんと最後までつくっているので好感が持てます。ただ、敷地の中に少し閉じこもり過ぎだとは思います。素朴ではあるけれど、私は本作品に票を入れます。

宇野：根源的機能を考えた結果、パブリックな道路が立体的に上まで出て、そこにテナントが入る建築やハコがあり、全体的にバランスが良かったです。それから、駅前のランドマークや軸線も非常によく考えています。アイデアは面白いけれど、設計はどうだろうと最初は少し思っていましたが、模型を丁寧に見ていくと、非常に良く出来ている。説明することも建築のうちの一つだけれど、﨑田さんは、どういう順番で考えてつくったかという質問に、あまりうまく答えられなかっ

たのが少し残念でした。

榮家：模型で見ると形態がかなり印象的ですが、アイレベルでのぞき込み、外の歩道を歩いている人や車で通る人からの視点に立ってみると、移り変わる景色が建築の中にあり、いろいろな人の様子が垣間見え、それがおそらくまちの人の記憶につながっていくのだろうと感じ、面白いと思いました。今日のさまざまなバリエーションのある案を見ている中で、設定した敷地の中にいろいろな登場人物が存在しているのを想像しながら設計に取り組んだ案は説得力がありました。「住まいと商いの井戸端コンデンサー」と「根源的機能建築」で非常に迷いましたが、建築の完成度とアイレベルでの面白さで「根源的機能建築」を推します。

藤村：「立体公園」をキーワードに、上手に話を進めたと思います。ただの施設として考えると少し息苦しいところを、立体的な公共空間は断片的なアクティビティが集積したものであり、めくるめく経路のようなものの中をうろうろ歩き回り、いろいろなアクティビティに出会える場所をパブリックスペースと呼ぶという、非常にわかりやすいビジョンにつなげました。「住まいと商いの井戸端コンデンサー」と似ていますが、比較すると本作品のほうが良いかなと思います。さらに、トータルで考えると、現代的で批評的な作品がどれかというと悩ましいですが、「根源的機能建築」は立体公園の中に人が住むところがあるということで、山本さんのビジョンにうまく乗じたところはありますが、その通りなら面白いので本作品を推しています。

満田：模型の完成度も含め、立体広場の空間が達成されているのは大変素晴らしいです。しかし冷静に読み解くと、こちら側は鉄骨造の印象で、反対側はおそらく壁で抑えながら積み上がっているRC的な構成になっており、鉄骨造とRC造がぐちゃぐちゃに混ざっている印象です。多様性を受け入れる時代とはいえ、複雑な構造が良いわけではなく、やや強引過ぎるように思いました。

優秀賞
◉◉◉ID008 西尾依歩紀「まちを溜める」

山本：水の空間と水のない空間が面白いですが、水がないときの空間の提案がもう少しあると、かなり面白いことになったと思います。

宇野：模型を見ると、非常に良くできているのがわかります。水を張ったときと抜いたときの説明がやや足りないのと、実際に考えた部分が少し足りないと思いました。しかし、模型レベルでしっかり見ると、実務的な建築として見た時に一番きちんとしていると思います。もしどれか選べと言われたら「まちを溜める」を選びます。模型を見てもらうとわかりますが、しっかりつくられている。建築の設計という観点から見ると、完成度ではないけれど、プロポーションや部材のつくり方、構法がきちんと考えられています。よく勉強しているし上手だと思います。

榮家：風景全体の感じ方を変えてしまうような作品で、一つひとつ

は小さな操作かもしれないけれど、かなり大きなことをやっていることに非常に好感を持ちました。また、一年という大きな周期での変化を建築に取り込み、それが建築の形につながっているのがストーリーとして美しいです。

藤村：架構などがとても具体的で、しっかり設計していると思います。模型はもちろんしっかりつくられているし、リアリティもあります。

満田：架構がしっかり表現されているし、模型もとても丁寧につくっています。私がドットアーキテクツとつくった「馬木キャンプ」と非常に似ているため、愛着もあります。先ほどから皆さんがよくできていると言っているように、私もそう思っていますが、実際に鋼管のようなものを打ち込むと、このように正確に並んで建てられないことが多いです。おそらく、この美しさのようなものは崩れてしまうのではないかな。少し高度で意地悪なコメントをしていますが、そのようなコメントしか出せないくらいに完成度が高いです。

優秀賞
●●ID028 石原大雅「牛舎が繋ぐ地域の和」

山本：牛舎が復活して観光客が来るような使い方をし、マンサード屋根がたくさん並ぶような風景をもう一度再現し、牛もいて、第二次産業につなげられるような話にできたら面白いと思いました。

宇野：いなくなった牛が戻ってくるという話になりましたが、そこがすごくクリティカルです。マンサードの形をシンボリックに残しながら、ある風景をつくっていくと、まとめていましたが、そうなると、その風景の設計が利いたパースが1枚欲しいのと、プロポーションやスケールを変えたものが、何故そうなるのかという説明が建築的には必要だった

と思います。

榮家：牛舎はもともと牛を育てるための空間であり、人が過ごすだけの空間では想像できないような大きな架構で、その中に、人が過ごす場所を新たに挿入しています。新しく挿入していく建築のつくり方にも、もう少しアイデアというか、議論ができたら良かったのではないかと思います。

藤村：架構などがとても具体的で、しっかり設計しています。同様にしっかり設計している「まちを溜める」と比べると、前者は公共施設でしかありえないプログラムだけれど、「牛舎が繋ぐ地域の和」は人が住むという点が違います。さらに、観光客を呼び込み、チーズやワインを出していくうちに牛が戻ってくるかもしれないという生業の論理が説得力ある。建築全体のストーリーとしても、「牛舎が繋ぐ地域の和」に魅力を感じます。

満田：架構がしっかり表現されているし、架構の魅力をもう一度再構築しようとしています。かつ、ただのサイロだったところへ、新しく同種のフレームを付加することで新しい造形をつくるなど、全体としてのまとまりがとても素晴らしかったです。話の流れとして「牛舎が繋ぐ地域の和」は、もう一度それを基準に昔の産業が復活できるのではないかという議論までに発展できたことも良かったと思います。

山本理顕賞
●●ID038 金子樹生「まちへ還るダンチ」

山本：斜めの柱を立てているのが私はとても好きです。ただ、本人がどこまで自覚しているのかわかりません。切妻屋根が少し残っていて中途半端だし、斜めの柱と一体になるような屋根の形を考えると、もっと面白くなる可能性を持っています。

宇野：非常に良いと思います。

榮家：私なら、群になった時の面白さをもう少し考えたいです。ただ、この建築の面白さは、もともとの団地に斜めが付いただけで、団地が地面に着地しているような、切り立った団地が急にストンと地面やまちに関わっているように見えるところです。そこが、言葉にしなくても伝わるような建築の力を感じさせました。

満田：しかるべき手続きを踏みながら進めていけば、確実にできるだろうリアリティを持っていますね。

榮家志保賞
●●●ID010 西本帆乃加「住まいと商いの井戸端コンデンサー」

山本：とても面白い作品だと思いました。チューブが横に走っていて、縦につなげていくタワーのようなものが、チューブがクロスしていくところにあるならば、一度に開発せず、タワーをつくってつなげることもできそうなので、難しい配置にはなると思うけれど可能性のある提案だと思いました。

宇野：井戸端についてこれだけ言い切るのであれば、井戸端がどこかも聞きたかったです。着想が妄想に近いとは思いますが、実際に出来るとインパクトがあるだろうとは思いました。

榮家：個人的には、楽しくつくっている設計がとても好きですが、好きだからこそ、もっとあるのではないかといろいろ思ってしまうところもあります。個別のストーリーがどんどん出て来たことから、彼女の熱量をより感じ、とても好ましいと思いました。ただ、滅茶苦茶大きなものをつくっているので、その中に細かなものを等価にたくさん挿入すると、結局、全体的に同じような空間になってしまうのではないかという懸念があります。もう少し大きい構成の差を設計に取り入れると、もっと面白くなったのではないかと思います。

藤村：「根源的機能建築」のように、いろいろなアクティビティに出会える場所をつくっていますが、経路などの歩いて回れるところが、具体的にはきちんと形になっていない印象です。

満田：楽しい空間になっているとは思うけれど、下のほうの暗さが気になります。また、もともと通りに面した建築に対して、建物の裏側に適したつくり方をして差し込んでいくと、どうしても大きな矛盾が発生します。でも、突っ込まれたところをリノベーションすれば解決できるかもしれませんが、この建物はホテルということなので、基本的にホテルは2階や3階が基準階でそこから客室が続くことが多いため、その客室の端から突っ込むと、途中にそのフロア全体が機能しなくなります。楽しさを達成するために、他のところに強烈な無理強いをしているのが若干気になりました。

藤村龍至賞
●●●ID021 鳴瀧康佑「ユリイカ・フォークライフ」

宇野：コンセプチュアルなとても面白い着想で良かったです。ただ、抽象の世界の中というスタンスで、建築をやると厄介なんですよね。パフォーマンスとしては、コンセプチュアル、フィロソフィカルな説明をするだけでは通用しないと思います。

榮家：おそらく言葉で分類することで、空間やバリエーションが広がっていくはずなのに、言葉にすることで逆に、空間のアイデアを閉じてしまっているというか、一つの方向に縛られているように感じました。今後は、それをより広げるほうに思考の展開や空間の展開をしてくれると良いと思います。

藤村：「ユリイカ・フォークライフ」と「類推建築／空の再結晶」は、ずっと建築の根源的な形というか、プリミティブなところをそれぞれ探求している作品であり、それぞれに見所があります。ただ、「類推建築／空の再結晶」に対し、「ユリイカ・フォークライフ」は良い意味で言葉がありました。質疑ではあまり引き出せませんでしたが、一次審査では、わりと自分の言葉を持っていて、確信に満ちた言葉を連発するタイプの人でした。少し表現しきれていないけれど、言葉が良い意味で建築に展開していた作品だと思います。ただ、「ユリイカ」を理解したことで一体何に応用するのかというビジョンが欲しかったです。いろいろ悩ましいですが、原初的な建築を探求しつつ、複雑な形態も探求し、かつ、自分の言葉でそれを説明していた「ユリイカ・フォークライフ」に共感を覚えたので、個人賞を贈りたいと思います。

満田：建築家として、あるいは設計者として実際につくる立場になると、抽象化した言葉で達成しようとしている世界に対し、それを掻き乱す現実がどうしても介入してくるので、おそらくそこで相当苦労するでしょう。私は普段から、建築家の言葉の抽象度を保ったまま、いかにノイズを混ぜずにきちんと建築にしていけるかを考えているのですが、そういう意味で、この壁はまだ高いという印象を持っています。

満田衛資賞
●●●ID018 新井花奈「Kantaga地区再編計画」

山本：ペットボトルなどのありあわせのものを使ってつくっていますが、これをブリコラージュと言います。クロード・レヴィ＝ストロースが『野生の思考』（みすず書房）でも話していました。ただ、出来上がった形をもう少し格好良く出来たのではないかと思うので、それが少し残念でした。

宇野：実際にアフリカに行くと、なかなか大変な世界です。食べ物や住むところ、貧富の差は極限的だし、気候や自然もまだまだ人間と対峙している面があります。そのような場所で、近辺にあるものでつくっており、実現すると良いなと思える作品です。新井さんが現地に行ったことも含め、なかなか良かったです。ただ、ボランティアで1カ月滞在したら、より現実に迫るような作品になっていたと思います。

榮家：一つひとつのアイデアはとても面白いです。是非それらのアイデアをブラッシュアップして欲しいですが、全体で出来た建築が、その部分と伴って育ったように感じられず、そことの連続性がより見えてくると案として強くなると思います。

藤村：本作品のように、本体部分のモックアップがたくさん並んでいるけれど、全体像をあまり問題にしていない作品が非常に多い気がします。例えば、階段だけの模型、窓だけの模型をたくさんつくるけれど、普通は建築の全体像にこだわるべきなのに、そこをあまり問題にしないというつくり方です。全体模型が一応つくられていますが、この形からは全体をつくる論理が感じられませんでした。

満田：まだ新井さん本人が、素材を十分に自分のものにできていないように感じられました。現地で過ごしたうえで、本当にこの素材が適しているという感覚を持ったところまでは伝わってこなかったです。私としては物足りなかったです。ただ、それらも含め、大変素晴らしいとは思っています。これだけのものを実際につくり、このように、きちんと物とぶつかっていくことは良いことだと思うので、まだまだこれからも学習を続けて欲しいという期待も込め、本作品を個人賞とします。

ファイナリスト
●●●ID029 梶田龍生「類推建築／空の再結晶」

山本：形は面白いと思います。きれいな形もあるし、雫が落ちるのも、下まで届いている柱もあれば届いていない柱もあり、構造的にも持ちそうです。面白そうではあるけれど、地下と地上の関係をもう少し考えれば、本当に建築になるのではないかと思います。

宇野：ポエティックに攻めるのなら徹底的にポエティックにするべき

です。アニメの世界などで、もっと強力なポピュラリティを獲得しているものはたくさんありますよね。そういう時代なので、アートか建築かという定義はともあれ、プレゼンテーションそのものであれ、言葉でグッと惹きつけないと、案として弱くなってしまいます。

榮家：議論を聞きながらもやもやしました。建築とアートは分けるべきなのか、建築でもありアートでもあると言っても良いのではないかと、個人的には思いました。ただ、今回つくっているものについては、絶対に敷地を設定したほうが、案がより面白くなるし、おそらく空間自体も発展し、もっと変形していくだろうと私は思っています。

藤村：ずっと建築の根源的な形というか、プリミティブなところを探求している作品です。建築かアートかという指摘については、全体的に、イメージと言葉の間の行き来の翻訳の仕方のところで言葉に引きずられているように少し感じられました。

満田：「ユリイカ・フォークライフ」に対し、本作品は抽象的でありながらも、まだ現実に落とし込みやすい形ではないかな。だから、できるだけノイズを感じづらい構造の提案がしやすいように感じます。

宇野求賞
●●●ID055 宮脇由奈「浄水回廊」

宇野：導水のインフラを、ただインフラとしてつくっていますが、実際にできると良いなと思いました。ただ、技術的な問題はあるので、谷口吉生さんが設計したごみ処理場「広島市環境局中工場」などを見に行くと良いですね。これからはインフラが非常に大切になります。自分のクライテリア（基準）として、インフラデザインに引っかかっているかどうかと、これからは猫などの人間以外の生き物とどうやって暮らしていくかが、皆の時代にとっての大テーマだと思っています。本作品は、自然現象によって水が引いたときなどに、どうやって合わせて暮らすかを考えているのが良かったです。

Award Winners

NAGOYA Archi Fes 2023

The 1st day
入選作品紹介

ID001
信州大学

柳町 一輝
Kazuki Yanagimachi

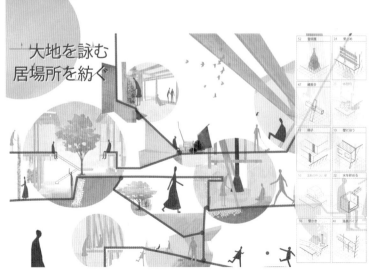

一大地を詠む
居場所を紡ぐ

Project

大地を詠む 居場所を紡ぐ
— 大地と建築の差異に生まれる居場所へ導く —

傾斜地にできた野沢温泉村では大地と建築の差異に
住民たちの多様な居場所が舞っていた。その振る舞い
を居場所性と大地との関係性からスタディを重ね、大
地と建築との関係性を説く提案をする。移住者がこの
シェアハウスを利用することで、地域への溶け込みを
手助けしながら、野沢の大地での発見的な生活へ導く
居場所を目指す。

作品講評

◆周辺環境や、石積み、木の根も含めた断面図が、
建築を豊かに伝える魅力的な作品だと思いました。
よく練られた基礎の計画や独特な木架構とあいまっ
て、地形とともにあるまちの風景やディテールが、外部
から内部へ心地よく連続していくイメージが膨らみま
す。スケールを超えた展開は難しい部分もありました
が、作図・構築の思考が地続きに全体像につながる
建築のありかたに共感しました。（伊藤 維）

ID017
名古屋工業大学

佐藤 直喜
Naoki Sato

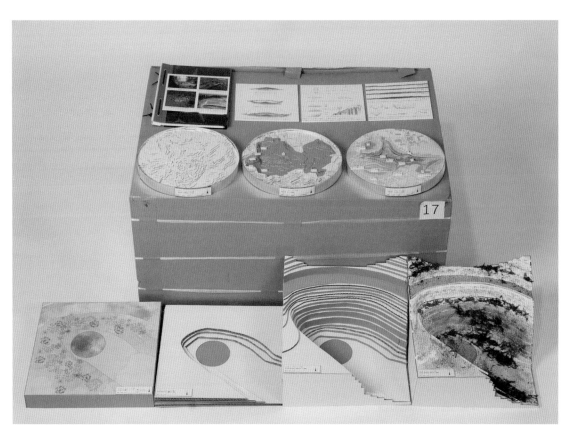

Project

山を建てる
― 消失した山の再編 ―

削られた山によって栄えたまちに新たな山を設計する。
まちのある所に山が計画される、まちと山の関係性を
再考する。
過去・現在・未来から山の手がかりを抽出し、開かれた
山としての空間を挿入する。

作品講評

◆自分のやりたいことを理解し、建築として繊細に仕
上げた作品だと思いました。加えて、地下鉄で土を運
輸するのに適した瀬戸の地を選んだというのも、評価し
たい点。土を振り分ける技術面に関しても、日本全国
の陶器の産地における新しい産業としての可能性を
秘めていると感じました。（神谷 勇机）

ID019
名古屋造形大学

恒川 奈菜
Nana Tsunekawa

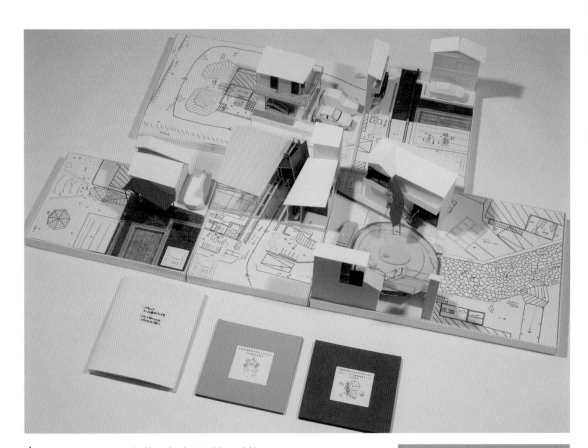

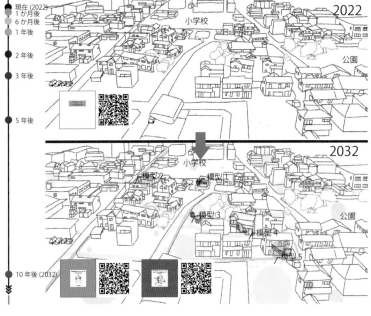

現在 (2022)
1か月後
6か月後
1年後
2年後
3年後
5年後
10年後 (2032)

2022
小学校
公園

2032
小学校
横型2
横型 3
横型4
公園

Project

思いが色づく街

― 0〜22歳の軌跡を経て、23歳からのまちもり活動記録 ―

「脚本や絵本を1から制作し、リアリティを求めたまちづくり計画がしたい」という思いを基に設計したまちづくりの提案。生まれてから高校生まではこのまちで過ごし、大学時代を東京で過ごす。23歳の時にこのまちにUターンしたのをきっかけにまちづくりを始める。地域の人の思いを年月をかけて少しずつ色づけていく。

作品講評

◆地域にまつわる絵本をつくり、それを通して周囲の人々の共感を得るプロセスで、まちを変えていこうという計画です。丹念に地域を読み解いたうえで、少しずつ変化が生まれる仕掛けを挿入していく、その段取りがしっかりと考えられています。真摯に地域に向き合った様子が伺えて、感心しました。(生田 京子)

（1日目）**彌田 徹賞**
Toru Yada Award

ID020
名古屋大学

安藤 大悟
Daigo Ando

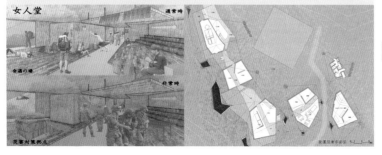

Project

火吹く嶽と共に生きる
― 女人堂・覚明堂再生計画 ―

長野県と岐阜県の県境に位置する御嶽山。そこは古来、山岳信仰の山として崇められてきた霊峰であると同時に、数々の噴火を繰り返してきた活火山でもある。そんな御嶽山に、防災・観光・信仰を軸として人々が御嶽山と共に生きるための2つの登頂拠点を設計する。

作品講評

◆場所とテーマの選び方が非常に良いと思います。「構法から考えてつくる」ということが、私自身の気づきにもなり、自分ができることを深掘りして、この小さな建築に取り入れているところが最大の評価ポイントです。形態などをまだ詰められるので、ぜひ実際につくってもらえると面白いと思います。（彌田 徹）

ID025
信州大学

岩崎 維斗
Masato Iwasaki

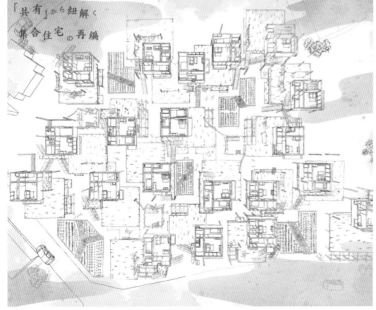

「共有」から紐解く
集合住宅の再編

Project

「共有」から紐解く
集合住宅の再編

合理性や効率性を重視した現代の集合住宅は住民
同士の関係性や空間の外部には無関心であり、集
まって住むことの本質的な意味（「共有」すること）が
失われつつある。そこで、内向的な「住戸」を外向的な
「住宅」として捉え直し、5つの視点から「共有」につい
て考えることで集合住宅の在り方を再編する。

作品講評

◆「集まって住む」ということを人目線で考えているとこ
ろが、一番評価したい点です。「自然の共有」といい、
上階をセットバックし疎かにすることで適度な人の関係
性と見晴らしを確保し、下の階で農業と人と建築の関
係が密になりながら陽の光も入り、素直な設計に感心
しました。（田中 義彰）

碓井 将義賞
Masayoshi Usui Award

ID027
愛知工業大学

加藤 孝大
Kodai Kato

2026

2029

Project

分築家
― 1095日の解体記録 ―

空き家活用のプロジェクトが徐々に地方都市でも広がり、空き家の外部不経済に対応している。しかし、社会問題にまで肥大化した空き家問題に対して、家屋の解体が必須だと考える。そこで一人の建築士が3年をかけて、空き家を解体していく過程を提案する。解体と共に、家屋や土地を地域資源へと還元していく。

作品講評

◆過去の経験から、私のなかで「スクラップアンドビルド」は良くないという固定概念があります。この作品が、「スクラップ」ということが、解体することで時間をかけて付加価値をつけていくことではないかと問いかけてくれ、提案していくことの価値を感じさせてくれました。ただし、自分自身で解体していくかについては、疑問が残るところです。〈碓井 将義〉

ID037
信州大学
中尾 啓太
Keita Nakao

ヨシと共に育つ 幼稚園

Project

ヨシと共に育つ幼稚園

琵琶湖周辺のヨシ原の中に幼稚園を設計提案する。
子どもは、ヨシという一年で急激な変化をみせる植物と
身近に関わることでさまざまな体験を得る。また、地域
の人々もヨシを育てたり刈り取りをしたりすることで地
域の文化に触れるだけでなく、新たな地域のコミュニ
ティを築き上げていく。

作品講評

◆地域にあるもので幼稚園を育てていく、環境をつく
るという点が非常に素晴らしいと思います。作者が原
体験のなかでふれあってきたものの価値を改めて感じ
たときに、そこからさまざまな発想を繰り広げたことが
最大の評価ポイントです。地域の幼稚園へ帰る課題
やその場所で暮らす価値など、幼稚園が完成したあと
の売りがあれば、さらに良い作品になったと思います。
（市来 広一郎）

ID039
名古屋大学
服部 志帆
Shiho Hattori

Project

お食寺どころ

― お寺と境内の再生計画 ―

現在、寺離れや廃寺増加といった問題を抱える寺は駆け込み寺や寺子屋という言葉があるように古くから地域を支える役割を担ってきた。そのポテンシャルを生かすため、すべての人に共通する生活の要素であり、人が集うきっかけでもある食をテーマにまちに開かれた人々の拠り所としての寺と境内の新たな姿を模索する。

作品講評

◆寺と食を絡めていることに興味が湧き、素朴ながらも一番心に響く作品でした。かつての寺は、貧しい人に食を与えて救う役割もありましたが、現在はコミュニティ施設寄りの場所であると思っています。後継者問題で廃れ始めている寺も、残らざるを得ない「聖域」としての場所を生かし「食」を結びつければ、健やかな印象を表しながらも、多彩なことを包摂できると思いました。(中畑 昌之)

ID043
愛知工業大学
青木 優花
Yuka Aoki

島のノード
- 生業とまち並みを継ぐ離島の更新手法 -

Project

島のノード
— 生業とまち並みを継ぐ離島の更新手法 —

日本に400島余り存在している離島は少子高齢化や過疎化が顕著にあらわれており、存続の危機にある。愛知県南知多町篠島は、豊かな観光資源がありながらも衰退しつつある。篠島の生活の中心にある漁業から島を再編し、まちなみを繋ぐことで島らしく更新する手法を提案する。

作品講評

◆力強い建築が多い中、この作品はドローイングや案の一つひとつの判断の過程、パースなどから優しい印象を受けました。自由に設計できる状況で、手を加えすぎるのではなく、その場所にとって重要な「ツボ」のような部分を探し、しっかり押していると思いました。パースにも表れていますが、見事な建築になっていることや、空間のつくり方が良いことも評価したいポイントです。加えて、小学校のスケルトンを抱き込むように建築化しているため、リアリティも感じます。総体として、非常に新鮮であり、素晴らしい作品ですね。(河部 圭佑)

ID046
名古屋工業大学
岸 夕海
Yumi Kishi

Project

まち編む萌芽

人口減少・高齢化により衰退の一途を辿る農山漁村地域—南伊勢町。本提案では地域コミュニティから隔離された小学校を空き家活用により再編する。空き家は学び舎に、路地は廊下へと変化しながら住民の暮らしに子どもの学びが編み込まれていく。新たな農山漁村地域コミュニティが芽吹き、集落と共に「学校」の形も変化する。

作品講評

◆人口減少というのは、日本全国どこの場所でも問題になりうることだと思います。一定の限られた地域の中で「学校」という場所の移転を定期に繰り返しながら、まさにまちを編み込むように新旧の建物が、新築・リノベーション等手法を問わず各所に散りばめられ、まち全体を活性化していく。場所も時間も単発になりがちな一つひとつの建築活動でも、長期の時間軸でとらえ、活性化させていく考え方に共感しました。（長崎 勇佑）

ID047
名古屋工業大学
田中 さくら
Sakura Tanaka

Project

あいおい輪中学窓

あいおい【相生い】一つの根元から二つの幹が育つこと。不登校という壁をもって自らを守ってきた子どもたちと、堤防という壁をもってまちを守ってきた輪中地域。ひとつの建物をもって、子どもたちと輪中地域がその壁の向こうを探っていく。輪中で学ぶ、輪中を学ぶ、『あいおい輪中学窓』。

作品講評

◆テーマの設定が良いと思います。階段状の建物の中にさまざまな場所が用意されていて、不登校の子どもたちが自分たちの意思で好きな場所を選び、能動的に楽しく活動できるようになっています。その中に郷土博物館の機能を入れることで、子どもたちが他者とふれあえる空間を立体的に構成しています。模型もしっかりつくり込んであり、地域と地形との整合性を図っていた点も評価したいです。(彦坂 昌宏)

ID054
愛知淑徳大学
三輪 ひとみ
Hitomi Miwa

おなじそらの下で

Project

おなじそらの下で

── 母子生活支援施設現代化計画 ──

生活困窮やDVなど、さまざまな理由により支援を必要としている母子を受け入れる母子生活支援施設。シェルター建築がどのように社会と関わるのか、"守りながらひらく"をテーマに、母子生活支援施設を設計する。ボランティアを通して感じたことやリサーチを基に、現代に相応しい母子生活支援施設を提案する。

作品講評

◆まず母子支援施設を題材にしたことを評価したいです。母子支援施設は被害を受けた母子の居場所を隠し、守るため、周りから見えないようにつくりますが、この作品は隠さず商店街の中に設計しようとした努力が素晴らしい。また中間領域や壁などで「みんながお互いを認識できる」仕掛けにも感銘を受けました。施設のボランティアで経験した実体験を、設計でしっかりと表せていたと思います。(淺沼 宏泰)

ID061
愛知淑徳大学
高堂 絹子
Kinuko Takado

Project

夜露が獅子を撫でる

現在「獅子舞」の伝承数が減少している。その現状に抗うことはできない。しかし獅子舞が消えていくことを見て見ぬふりをしたくない。そこで今後の獅子舞の在り方、獅子舞の終わらせ方を考えた。今回、私が生まれ育った地域に伝わる「金蔵獅子」に焦点を当てた。「獅子舞」「神」「人間」のための空間とは何か。

作品講評

◆獅子舞への愛と神聖さを感じる作品。神聖な儀式を水と光で表現することにより、その神聖な場に調和している。獅子舞を題材として、衰退していく文化に対しそれを受け入れて、叙情的に表現している点が良いと思います。(田畑 了)

ID077
名古屋大学
島田 蘭花
Rana Shimada

Project

街を紡ぐ六弦琴
— 都市公園と一体化した楽器工房 —

岐阜県可児市に都市公園と一体となったギター工房を提案する。世界的に有名な楽器メーカー「ヤイリギター」の工房を新しく設計し、近隣にある音楽ホールと新しい工房を拠点として、その土地にかつて存在していた河岸段丘の連続した緑を再生させると共に、可児市の文化的資産である楽器産業を発信する場所とする。

作品講評

◆島田さんの作品の魅力は、六弦琴の部材を建築翻訳したような繊細な建築です。製造工程に応じた異なる機能が用水路上に立体的に配置され、それが外観にも表情豊かに表れ、公園の魅力を引き出しています。地域企業が、文化づくりという視点からパブリック空間を再生するというテーマ設定も、リアリティがあり評価したいです。（安藤 太地）

ID078
金城学院大学

遠藤 あかり
Akari Endo

Project

同窓会アパートメント
— 大学同窓会の再評価による新しいコミュニティのかたち —

本提案は「同窓生」という人々のつながりに着目し、生活に直接関わる共同体として再評価した集合住宅である。「誰と住むか」から住宅を考えることで、単独世帯数が増加するこの現代社会に対応しうる、新たな暮らしのあり方を考える。

作品講評

◆自身の生の体験から生活像を描き、社会的広がりのある高齢者と学生が一緒に居住するアパートをプロジェクトとして提案していることに魅力を感じました。非常にインティメートな空間操作において、窓辺のデザインが普段の大学生活を風景として一変させてしまうことにも惹かれました。（稲垣 淳哉）

Award Winners

NAGOYA Archi Fes 2023

The 2nd day

入選作品紹介

福井大学
ID013 﨑田 真一朗
Shinichiro Sakita

Project 根源的機能建築
―人間本来の行動から読み解く公共空間の提案―

（2日目）最優秀賞
The Highest Award

福井大学

ID013 **﨑田 真一朗**
Shinichiro Sakita

Project **根源的機能建築**
― 人間本来の行動から読み解く公共空間の提案 ―

現在の日本は、多くの建物が建て替えを繰り返している。北陸新幹線の開業により再開発が進む福井市を題材として、まちの人々の生活に直結する人間本来の行動や、無意識にルールに従っているものから抽出した人間の行動を、建築物の形として留めることで、社会の変動によらず、内に秘めているまちや人の個性を表出する。

作品講評

◆素朴ですが、建築として最も完成度が高い作品です。「エレベーターはどこか」「どんなプランで、どういう使い方をするのか」を考えさせられました。この作品は、空いた場所をどのように使うかが鍵になると思います。喫茶店なら、前をテラス席にするなど、空間をさまざまな形で活用できます。このような使い方の提案もあれば、実現の可能性が高くなります。（山本 理顕）

◆「根源的建築」に対して、「私はこう考えました」という作者の意図が建築に表れていました。パブリックな道路が立体的に上にまで巡っており、そこにテナントが入ったり、余白があったり。全体的な建築のバランスが良いと思いました。加えて、駅前のランドマークや軸線のようなものが非常にしっかりと考えられていると思います。（宇野 求）

◆敷地を設定して、その中にさまざまな登場人物がいることを想像しながら設計に取り組んでおり、建築的な操作がその多様な人々やスケールをつないでいて、とても説得力がある提案だと感じました。（榮家 志保）

2024

| 2024 | 北陸新幹線延伸
金沢 - 敦賀間開業 | ついに新幹線が福井に開業。県外から多くの観光客が福井市を訪れる。県内外を問わず、異質で独特な建築物を求め、人々が寄りつき始める。 | 2024+5 | 建築物が徐々に街に馴染みはじめる。更新スパンの短い店舗は姿を消すが、残っている建物と街の人々との交流が盛んになっていく。 |

Case 再開発が進む福井市

再開発により、かつてにぎわいを見せた商店等は次々と姿を消し、新たに大規模な建築物の工事が進められている。県内では4つの駅が完成予定で、観光地へのアクセスが容易になる中、改めて福井市の魅力や存在意義が問われている

テーマ 真の公共性のある空間は何か

現代の日本は、機能を優先し、全国どこにでもあるようなデザインが普及しているように感じる。機能を優先して造られた建物は、やがて管理者や利用者がいなくなるとスクラップへの道を歩むことがよくある。街の重要な公共建築物でさえ改修のためにスクラップアンドビルドを繰り返す。人手不足も叫ばれる中、将来の世代に向けて何を継承し、何を更新すべきかを本来の建築と人間の関係性から見つめ直す。

新たに付け加える4つの公共ルール

①地面とつながりがあること	10 階未満の高さ
②独自性があること	全国どこにもない ここだけのデザイン
③土地性・地域性があること	

普段の生活では気づきにくいが必要不可欠であるもの
知らず知らずのうちに無意識にルールに従っているもの

| ④建物が公共で満たされていること | |

歩道から屋上までの道、動線に公共性が保たれているか

手法 根源的機能を核に留める

第1段階 根源的機能

第2段階 地域の機能

第3段階 個別の機能

敷地周辺に存在する、人々の生活に欠かせないもの

人々の根源的機能を抽出

外→内
- 通り抜ける
- 目に留まる・注目する
- 空気を感じる
  （風、匂い、気温）

内
- 待つ
- 集う・イベントを行う
- 滞留する
- 水に触れる
- 昇り降りする
- 歩き回る・散歩する
- 休憩する
- 食べる
- 歌う
- 立ち話をする

内→外
- 宣伝する
- 空を見る・天気を確認する
- 街を眺める
- 山を眺める

建築物を構成する各部材の操作により建築化

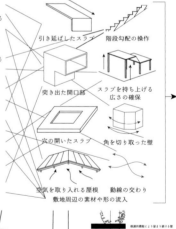

- 引き延ばしたスラブ
- 階段勾配の操作
- 突き出た開口部
- スラブを持ち上げる 広さの確保
- 穴の開いたスラブ
- 角を切り取った壁
- 空気を取り入れる屋根
- 動線の交わり
- 敷地周辺の素材や形の流入

○△□に変形して建築物を構成

Plot 敷地内外の境界を曖昧にさせる人々の行動

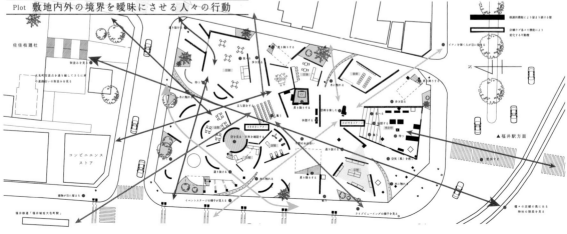

根源的機能建築
― 人間本来の行動から読み解く公共空間の提案 ―

20XX

20XX 突然、地震や洪水、豪雪などの災害や、疫病、経済不況がこの街を襲う。しかし、社会が変わろうとも人々の行動は変わらない。

20XX+5 根源的機能を起点として、別のジャンルの店舗が入り始め、再び賑やかさを取り戻し始める。やがて街へと広がっていく。

Design　対象敷地における公共空間での17の根源的な人々の行動や振る舞いと建物の操作

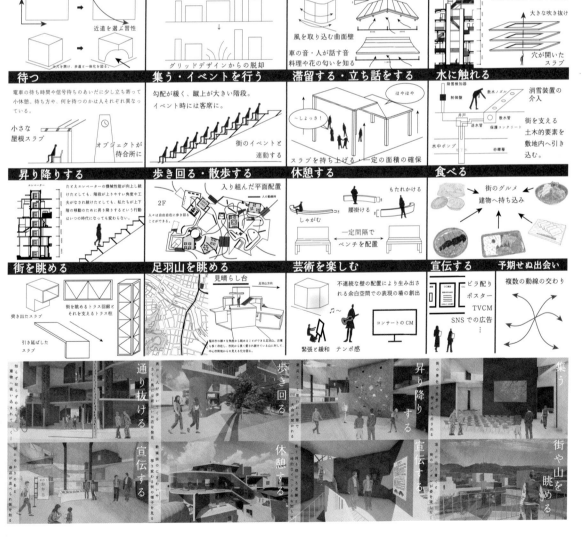

通り抜ける・ショートカットする
対象敷地 → 対象敷地
近道を選ぶ習性
大穴を開け、歩道と一体化を図る

目に留まる・注目する
グリッドデザインからの脱却

空気を感じる
空気を取り込む屋根
風を取り込む曲面壁
車の音・人が話す音・料理や花の匂いを知る

空を見る・天気を確認する
天候の変化が激しい福井
大きな吹き抜け
穴が開いたスラブ

待つ
電車の待ち時間や信号待ちのあいだに少し立ち寄り小休憩。待ち方や、何を待つのかは人それぞれ異なっている。
小さな屋根スラブ
オブジェクトが待合所に

集う・イベントを行う
勾配が緩く、蹴上が大きい階段。イベント時には客席に。
街のイベントと連動する

滞留する・立ち話をする
はやはや
～しょっさ！
～しょっさ！
スラブを持ち上げる一定の面積の確保

水に触れる
消雪装置の介入
街を支える土木的要素を敷地内へ引き込む。

昇り降りする
たとえエレベーターの機能性が向上し続けたとしても、階段が上りやすい角度や工夫がなされ続けたとしても、私たちが上下階の移動のために昇り降りするという行動はいつの時代になっても変わらない。
2F
人々は自由自在に歩き回ることができる。

歩き回る・散歩する
入り組んだ平面配置

休憩する
もたれかける
腰掛ける
しゃがむ
一定間隔でベンチを配置

食べる
街のグルメ建物に持ち込み

街を眺める
突き出したスラブ
引き延ばしたスラブ
街を眺めるトラス回廊とそれを支えるトラス柱

足羽山を眺める
見晴らし台
足羽山方向

芸術を楽しむ
不連続な壁の配置により生み出される余白空間での表現の場の創出
緊張と緩和　テンポ感

宣伝する
ビラ配り
ポスター
TVCM
SNSでの広告
…
コンサートのCM

予期せぬ出会い
複数の動線の交わり

（2日目）**優秀賞**
Merit Award

金沢工業大学

ID008 　**西尾 依歩紀**
　　　　Ibuki Nishio

Project 　**まちを溜める**
　　　　　ー ため池とまちの未来の循環構想 ー

消えていくため池とまちの境界に、都市化によって失われているまちの文化「農業と日曜大工」を溜め、実践するための生活拠点を提案する。切り捨てながら、進んでいく未来ではなく、培われてきたため池や文化と共に生き、人々が手を掛けることで、滞っていた郊外のまちを動かし、循環させていく故郷の未来を想像した。

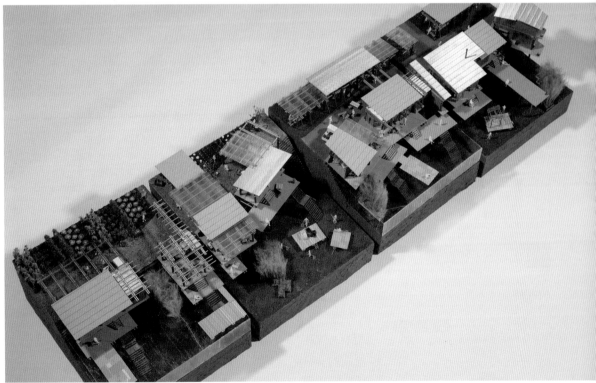

作品講評

◆水の空間と水のない空間が面白いと思いました。水のないときの空間の提案をさらに工夫すれば、もっと面白い作品になっていたと思いますね。夢のある提案です。（山本 理顕）

◆模型レベルでしっかり見ていくと、実務的な建築として一番考えられていると感じました。しかし、水を張ったときと抜いたときの説明、実際考えた部分をもう少しプラスすればより良い作品になったのではないでしょうか。（宇野 求）

◆風景全体の感じ方を変えてしまうような提案だと思いました。一つひとつは小さな変化かもしれませんが、ものすごく大きなことをやろうとしている点に非常に共感が持てました。加えて、一年という大きな周期を建築に取り込んでいることや、それが建築の形につながっていくことで、とても美しいストーリーに仕上がっています。（榮家 志保）

まちを溜める ―ため池とまちの未来の循環構想―

私たちの生活を支えながら、時代の変化に伴い、生活から切り捨てられたため池に、
消えかかるまちの文化を溜め、活用していく実践拠点を提案する。
人々の手が掛けられることで、均一・硬直化していたまちは、再び循環を始める。

01 消えゆくまちを溜め、動かす実践拠点

都市計画道路開通に伴う宅地化により、農業用水としての価値を失うため池に、消えゆくまちの文化「農耕と日曜大工」を溜め、実践する拠点を提案。住民らの「日常的な実践」により、滞るため池やまちは循環を始め、拠点は、切り離されていたまちとため池を繋ぐ新たな生活圏となる。

大阪府堺市　菅池・森池
2029年末に開通予定の南花田鳳西町線。
残り少ない広大な農風景
更新時期を迎えた住宅地
森池
菅池
残り少ない広大な農風景

■ 農耕の拠点

農具貸出による低初期投資、
持続的な文化保全

■ 工房の拠点

工房を通したストックの加工
による価値の再付加

02 3つのキーワードから建ち上がるため池建築

ため池に関連する以下の3つのキーワードから設計のアプローチを行う。導出された3つの建築によって、全体が構成され、これらは相互的に関係し合いながら、ため池の新たな環境・循環・景観を形成する。

■ 極度の水位変動

灌漑や梅雨といった営みや自然の理によって、季節ごとに、大きく池の水位は変動する。

■ かいぼり

農閑期に池底を干し、堆積した泥を取り除く、集落の共同メンテナンス作業。

■ ヨシの水質浄化

夏季　冬季

刈り取りによって、恒常的な水質浄化と景観形成、資源循環を生み出す。

■ 水上の大地

水位変動に追従するイカダ状の建築。季節に応じて、親水空間・作業環境となり、恒常的に池を居場所化する。

■ 水際の拠点

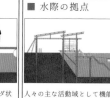

人々の主な活動域として機能する、まちと池の境界にまたがった建築。鋼管杭の掘立柱に小屋木造がまとった構成。

■ ヨシの浮島

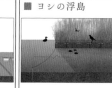

恒常的な水質浄化、景観形成、資源循環を生み出す植生浮島。集水域面積の約10%を確保している。

04 ため池や拠点での実践・活動を介して生まれる様々な循環

ため池は、拠点とそこで展開される人々の活動によって、池の中だけでなく、地域・まちをも射程に有した循環を形成する。滞っていた産業間の関係性、再資源化されないストックや育まれてきた文化は継承され、利活用され、ため池は、新たな形で循環を生み出す核として甦る。

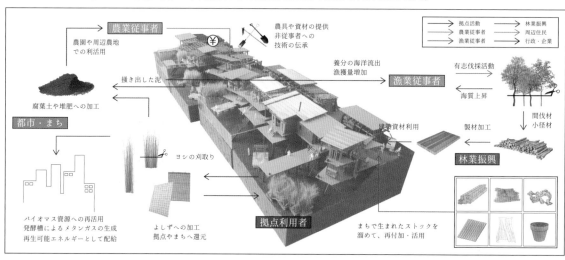

農業従事者
農具や資材の提供
非従事者への技術の伝承
農園や周辺農地での利活用
掻き出した泥
養分の海洋流出
漁獲量増加
漁業従事者
有志伐採活動
海質上昇
拠点活動　林業振興
農業従事者　周辺住民
漁業従事者　行政・企業
腐葉土や堆肥への加工
都市・まち
ヨシの刈取り
間伐材
小径材
建築資材利用
製材加工
林業振興
バイオマス資源への再活用
発酵槽によるメタンガスの生成
再生可能エネルギーとして配給
よしずへの加工
拠点やまちへ還元
拠点利用者
まちで生まれたストックを溜めて、再付加・活用

まちを溜める
― ため池とまちの未来の循環構想 ―

菅池×工房の拠点

森池×農耕の拠点

03 循環・実践活動のプロセスの空間化、モノやまちの流れが実感できる場へ

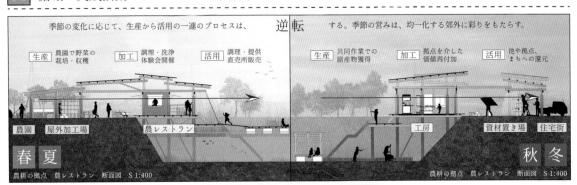

季節の変化に応じて、生産から活用の一連のプロセスは、**逆転**する。季節の営みは、均一化する郊外に彩りをもたらす。

生産 農園で野菜の栽培・収穫　加工 調理・洗浄体験会開催　活用 調理・提供直売所販売

生産 共同作業での副産物獲得　加工 拠点を介した価値再付加　活用 池や拠点、まちへの還元

農園　屋外加工場　農レストラン

工房　資材置き場　住宅街

春 夏

秋 冬

農耕の拠点　農レストラン　断面図　S 1:400

農耕の拠点　農レストラン　断面図　S 1:400

生産 農閑期、住民らでヨシを刈り取る

加工 加工場で裁断、撹拌しヨシ堆肥を製作

活用 農園、周辺農地、家庭菜園での再利用

都市計画道路開通まで残された時間は6年。まちの歴史・風景であるため池を、如何にして守り、そこに何を溜められるか。

地産地消を生む直売所

食・農を介した繋がり

人、自然、生き物との縁を溜める

新たに再生されるまちのストック

共同作業で高まる共同体の強度

乾き固まった池底は子供たちの遊び場

都市化が進む故郷において、切り捨てながら進んでいく未来ではなく、培われてきたため池や文化と共に生きていく故郷の未来を描いた。

信州大学
ID028　**石原 大雅**
Taiga Ishihara

Project　**牛舎が繋ぐ地域の和**
― 信濃町振興計画 ―

まちに取り残された牛舎を人の居場所として再編することはできないだろうか。まちのアイデンティティである牛舎を用いた、このまち独自の振興計画を提案し、その交流拠点となる施設を計画する。4棟の廃牛舎を再生し、さらにその意匠を用いたまちの新たなシンボルがまちを賑わすきっかけとなる。

作品講評

◆牛舎のフレームが特徴的で、各フレームを生かしてそのまま残すだけでなく、フレームの形をもとにトンネルのような空間を回転させてドームをつくっているという発想が新しくて良いですね。特に、木造の架構だけでなく、コンクリートも使い、木の架構を補うようにRCの構造を使って新しくドーム的な空間にしようとしているところが面白いです。（高橋 俊也）

◆牛舎を復活させ、牛もおり、観光客が来る使い方をする。このように、第二次産業・第三次産業にもつなげられるような話になると、より面白くなると感じました。（山本 理顕）

◆話の内容がクリティカルで、形をシンボリックに残しながら風景をつくっていくというように、まとめてくれました。しかし、その風景設計が利いたバースが一枚ほしい、そしてプロポーションやスケールを変えたものがなぜそうなのか、という説明が建築的には必要だったと思います。（宇野 求）

Phase0　背景・調査・提案

site: 長野県信濃町

町を走っていると目につく牛舎。
牛舎の中にはウシはいない。
これらの牛舎はどうなってしまうのだろうか。

1 site: 長野県信濃町　　　　　実地調査、ヒアリングからの気づき

M牧場の牛舎は目立つね。
移住者の方もお気に入りの牛舎だよ。

移住者
Iさん

酪農家
Nさん

「風景が失われるから残して」と言われた。だから修理して残すことにしたよ。この架構は今後なくなるだろうね …。

路線バス図における牧場
（信濃町地域公共交通網形成計画より作成）

気付き

場所性
・信濃町における酪農は、各酪農家の場所についても認識されている。

ランドマーク性
・風景の一部である牛舎並びにサイロは周辺の住宅との違いから目立つ。

この町の
アイデンティティ
＝
牛舎

Phase1　観光

site2 温泉施設　旧N牧場

● 空間操作ダイアグラム（Phase1）

スラブ除去
デッキ追加
既存意匠
入れ子

❶既存の鉄骨の躯体とギャンブレル架構を見ながら湯に浸かる

❷架構を間近で見ながら休憩

❸サイロのサウナでととのう

スラブを除いたことで1階から架構を感じる
既存の換気口
入れ子の脱衣所
木々を眺める

サウナ ❸
サウナ
体廻所 ❷
脱衣所
機械室 ❶
倉庫
寝湯

飼料槽に腰掛ける
糞排出路は排水溝として使う

site2　温泉施設　断面図　0　1　2　5　10m

Phase3　地域

site5 給食センター × 繁殖牧場

牛舎の意匠を応用し、町のDNAを繋いでいく

Phase1、2で町のアイデンティティを再認識した。この魅力を未来に伝えていくために新築する施設に意匠を応用し、地域性を育んでいく。

● 空間構成ダイアグラム

延長
分節
入れ子
回転
拡大・縮小

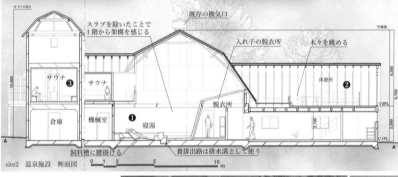

❶放課後、小学校側エントランスを駆け上る小学生

❷見学スペー…

放課後、給食センターに向かう小学生

市街地と集落を繋ぐバス停

人が通るスケール
車両が通るスケール

トイレ（女性）
トイレ（男性）
バス停
エントランス

site5 給食センター × 繁殖牧場　断面図　0　5　10　20

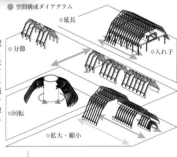

牛舎が繋ぐ地域の和
― 信濃町振興計画 ―

観光 Phase1

大きな改築をせずに
既存牛舎を利用

site1：キャンプ場（旧M牧場）
site2：温泉施設（旧N牧場）

移住 Phase2

改築による空間操作

site3：移住者支援施設 × 音楽教室
（旧A牧場）
site4：地域おこし協力隊住居 × 民泊
（旧H牧場）

地域 Phase3

新築による意匠の継承

site5.：給食センター × 繁殖牧場

既存牛舎のコンバージョン / 意匠を応用

町の資源である牛舎を再生するだけでなく、この意匠を引き継ぎ現代版の牛舎として、町の振興拠点を計画する。

牛舎再生から意匠の継承へ

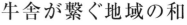

①地域資源を拾い上げる：牛舎を再生

枠組みでは評価されず地域の中に潜む資源はたくさんある。その地域資源を見つけることは地域へ愛着を持つきっかけになる。牛舎も枠組みでは評価されないが、地域の中で愛着を持つきっかけになる一つの要素である。その牛舎を町と人が関わる場として再編し、町の振興へと繋げる。

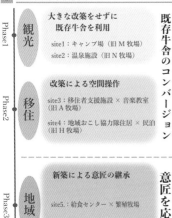

②アイデンティティを継承する：意匠を新築に応用

地域の資源を拾い上げ再生するだけでは、いずれその建物自体の寿命を迎え、朽ちていく。そのままでは地域のアイデンティティは残らずいずれ消えていってしまう。そこで現代の技術と既存の技術を応用させ地域のDNAを残していく。継承されたギャンブレル架構は未来に町の資源を伝え、人の居場所となる。

各敷地紹介PV

Phase2 移住

site4 地域おこし協力隊住居 × 民泊 × カフェ（旧H牧場）

● 空間操作ダイアグラム（Phase2）

入れ子による空間の仕切り

サイロを模したRC壁の入れ子
空間の一体化・コア

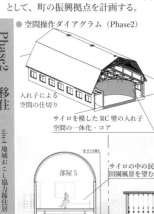

①地域おこし協力隊の人が経営するカフェで週末を過ごす

②民泊の各部屋から架構を楽しむ

サイロの中の民泊
田園風景を望む

部屋5

既存の換気口はハイサイドライトにもなる

ガラスの天窓からは架構が見える

1階より開けた空間を感じる住人と日常の会話を楽しむ

地域おこし協力隊の移住者がカフェを経営

部屋1
シェアキッチン
シェアダイニング
集会スペース
リビング
キッチン
カフェ
風除室

site4 地域おこし協力隊住居 × カフェ × 民泊　断面図

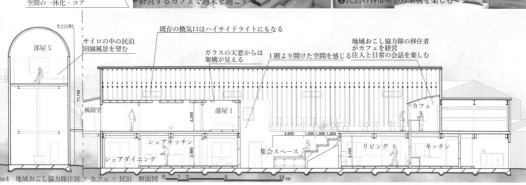

給食ができる過程を学ぶ

③繁殖牧場はウシ、人が各々好きな場所で時を過ごす

④来客者側エントランスとなる資料館では、信濃町や長野の酪農について学ぶ

2階から給食センター見学

排気動線となるサイロを模した塔は町のシンボルに

信濃町を一望する展望台

ハイサイドライト換気口

ギャンブレル屋根が生み出す大空間

トップライト換気口

調理室　下処理室　検収室　休憩室　更衣室

資料館

繁殖牧場

サイロ貯蔵庫

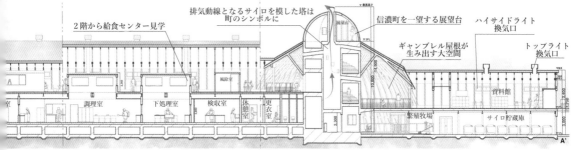

（2日目）山本 理顕賞
Riken Yamamoto Award

名古屋工業大学

ID038 **金子 樹生**
Itsuki Kaneko

Project **まちへ還るダンチ**
― 暮らしが染み出す団地の減築レシピ ―

日本の住宅供給を支えてきた団地は、壁で分断された閉じた空間に住まい手を収容している。周辺のまちみと乖離し、空き部屋が目立っている郊外団地を減築することで生まれた共有空間に、閉ざされていた暮らしが染み出す。動的な住みこなしを彩る舞台としての「ダンチ」がまちに根付き、還っていく。

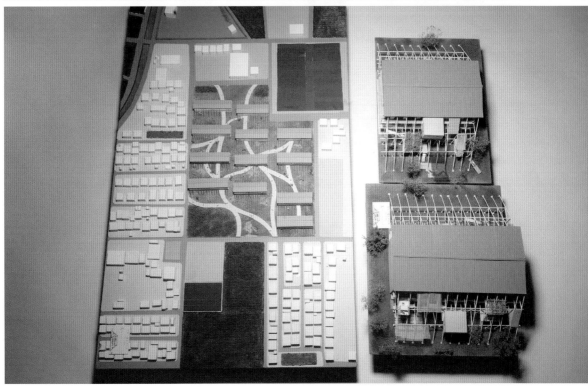

作品講評

◆斜めの柱を立てたこちらの作品は、僕はとても好きです。ただ、斜めの柱について本人がどこまで計画的に意図して設計しているのかはわからないですね。屋根も斜めの柱と一体になるように考えてもらえたら、すごく面白くなる可能性をもっていると思いました。（山本 理顕）

◆模型がしっかりつくり込まれていると思います。建築設計の観点から見たとき、プロポーションや部材のつくり方、構法などをよく勉強されていることに非常に感心しました。（宇野 求）

◆建物に対して斜めのフレームを取り付けるだけで、団地が地面に着地して地面やまちと関りを持ちはじめることが面白いと思います。言葉にしなくても伝わる、すなわち「建築の力」というものを感じました。群になったときの面白さを、もう少し引き出すべきだったのかもしれませんね。（榮家 志保）

まちへ還るダンチ
～暮らしが染み出す団地の減築レシピ～

1 収容のおわり、共生のはじまり　　　- 背景 -

住宅供給を支えてきた分譲住宅や団地は、人々を「家族」という最小分断し、閉ざされた商品空間の中に収容してきた。現代における集まっ意味とは、家賃や駅距離など、数字による妥協点が一致しているのみで住居との連関の上での根拠はないといえる。来たる人口減少社会では、義的収容から脱却した、他者と関わりあう集合住宅のあり方が問われて

2 愛知県愛西市草平町　県営草平住宅　　　- 敷地 -

農業保全地区

新興住宅地

草平町

工場誘致

周辺住宅と乖離する
八棟の高層スケール

棟と棟を分断する
中央道路

管理が滞り
荒廃する住民庭

高齢化に伴い空きが
目立つ駐車場

駐車場を縫うように
細く設定された歩道

足元が暗く使いにくい
各棟の階段

ボール遊びが禁止され
閑散とする大広場

広場が制限され団地の
すき間で遊ぶ子ども

木曽川がもたらす自に恵まれた、広大な近地域として発展してき市だが、近年ではベッン化に伴い、幹線道路や工場地帯の開発が進特に、敷地となる草平農業や工業、住まいのとして重要な場所に位上、近年の急激な人口より住まい手の属性が
つつある。県営草平住低層住宅街のスケールする５層構造や、児童遊び場の機能不全空き家率の上昇に伴う活の衰退が問題視され

3 自立とは依存先をふやすことである　　　- 着想 -

県営草平住宅に多く居住する住まい手

単親世帯　身寄りのない高齢者　外国人労働者　大家族　若い夫婦

「収容」され見えなかった団地に住む切実さの暴露

切実さを団地に住む意味へ好転させる
依存先をふやすような建築、自立しつつ共生する「ダンチ」

住まい手を閉空間に収容してきた団地は、動的な住みこ

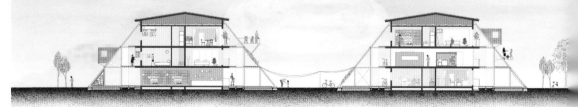

98

既存の暮らしの外側から団地を変える　　　　－提案－

まちへ還るダンチ
— 暮らしが染み出す団地の減築レシピ —

右図は2023年4月現在の空き部屋状況である。空き家率が20%を超えている。特に、4、5階の空きが目立つ。

既存の抜け殻として住戸フレーム、エリア活用とななめフレームの挿入により、既存の暮らしの外側からコモンスペースを拡張させる。様々な切実さを抱えた住まい手たちの暮らしをコモンへと染み出すことで、団地およびまち全体を住みこなす。

まちへ還るダンチのレシピ　　　　　　　－手法－

大きなルール：ダンチの動的変化を促す仕掛け

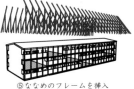

で分断された既存団地　　②足場を組む　　③3階まで減築、足場を残す　　④空き部屋をスケルトン化する　　⑤ななめのフレームを挿入

小さなルール：ダンチを住みこなすための仕掛け

業論文で明らかにした
こなしを助長する設計手法

経年変化の表出

部の無骨化　　空間の連続性

空間の挿入　　空間の匿名化

「住みこなしレシピ」として外部フレームに適応

庇・タープ　　とびだしテラス

収納空間　　スキ◯フロア

緑との共生　　趣味部屋

5-3 外のルール：空き部屋の動脈化による連関

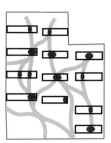
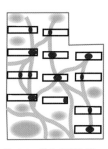

①蘇った空き部屋がハブとなり、小道でつながる
②パスの終点や隣設部に、外部活動の場を点在させる

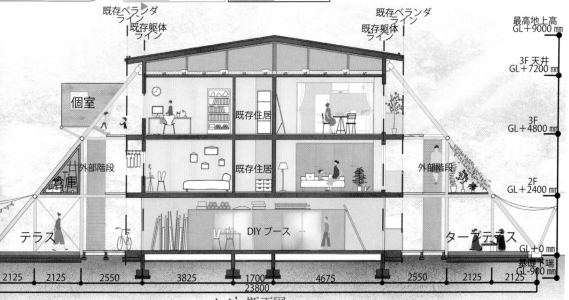

既存ベランダライン　既存躯体フイン　既存ベランダライン　既存躯体フイン

最高地上高 GL+9000 mm
3F天井 GL+7200 mm
3F GL+4800 mm
2F GL+2400 mm
GL+0 mm
基礎下端 GL-900 mm

個室　　既存住居
外部階段　　既存住居　　外部階段
倉庫　　テラス　　DIYブース　　タープテラス

2125　2125　2550　3825　1700　4675　2550　2125　2125
23800

A-A' 断面図

け入れる「ダンチ」としてまちへ根付き、還っていく。

B-B' 断面図　　0　5　15　30(m)

名城大学
ID010 **西本 帆乃加**
Honoka　Nishimoto

Project **住まいと商いの
井戸端コンデンサー**

都会のまちは背の高い箱の連続で、入口は地上の一つだけ。隠れた賑わいが建築を通してまちに溢れ、井戸端会議ができる日常を設計する。子どもの頃のまちの思い出となるような風景が都市にも広がり、大人になっても帰ってきたい場所として存在すること。愛する地元としての都市のあり方を模索する必要があるのではないでしょうか。

作品講評

◆おとなしい提案が多い中で、迫力のある見事な模型に惹かれました。この作品は、昔ながらの問屋街のようなイメージがあります。昔は活気があったけれど、時代とともに衰退してしまった。そして、問屋街の明るさを伸ばしていき、活性化につなげる。このようなテーマ性にも、心打たれました。（嶋田 将吾）

◆個人的に自分の好みをドライブさせて楽しくつくっている設計が好きなので、好きだからこそ重箱の隅をつついてしまうこともありますが、つついたときに彼女が考えたストーリーがどんどん出てきました。作者のキャラクターや熱量を感じる作品でした。ただ、それぞれの空間の大きさの工夫をすれば、もっと面白くなったと思います。（榮家 志保）

◆とても面白い作品。チューブが横に走っているため、縦にチューブをつなげていくタワーは難しい位置にありますが、実現できる可能性はあると思います。（山本 理顕）

■ 1階平面図

吉田商事のオープンオフィス
フリーアドレススタイルを利用し一色々な場所で働く

住宅B
スポーツ教室をレンタルルーム
として貸し出す家族が住む

裏 倉庫

ヨガ教室

住宅A
日曜限定カフェを運営する夫婦が住む

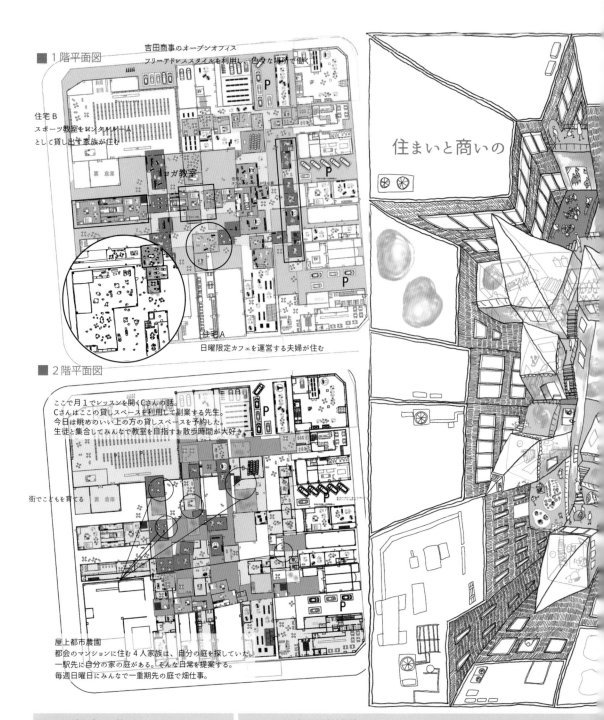

住まいと商いの

■ 2階平面図

ここで月1でレッスンを開くCさんの話。
Cさんはここの貸しスペースを利用して副業する先生。
今日は眺めのいい上の方の貸しスペースを予約した。
生徒と集合してみんなで教室を目指すお散歩時間が大好き。

街でこどもを育てる

裏 倉庫

屋上都市農園
都会のマンションに住む4人家族は、自分の庭を探していた。
一駅先に自分の家の庭がある。そんな日常を提案する。
毎週日曜日にみんなで一重期先の庭で畑仕事。

■ 着想 都会の街

都会の街は背の高い四角い箱の連続で、入口は地上の一つだけ。
ビルの賑わいは外には漏れず、閉鎖的空間と化してる。子供の頃
の街の思い出となるような風景が都市にも広がり、大人になっても帰っ
てきたい場所として存在すること。愛する地元としての都市のあり
方を模索する必要があるのではないだろうか。

入口は1階に1つだけ
ハコに賑わいが閉じ込められている

■ 敷地 長者町繊維街

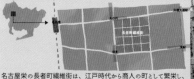

名古屋栄の長者町繊維街は、江戸時代から商人の町として繁栄し、
戦後問屋街として発展した街で、商業で有名な名古屋の中でも代表
的な商業エリアである。しかし、国内繊維産業の衰退や、バブル崩
壊後の不況に伴い、問屋の廃業が相次いだ。都市の空洞化、少子
高齢化に加え、コロナウイルスの流行により、昭和ビル群のシャッター
街と化している。また、4つの駅に囲まれるポテンシャルから、近年
地価の高騰が目立ち、古い町並みが着々と大企業に買収され始め
ている。近年、街を活性化させたい意識から、シャッターアートや芸
術祭の開催地として選定された。

60周年 地下街

シャッター街が目立

住まいと商いの井戸端コンデンサー

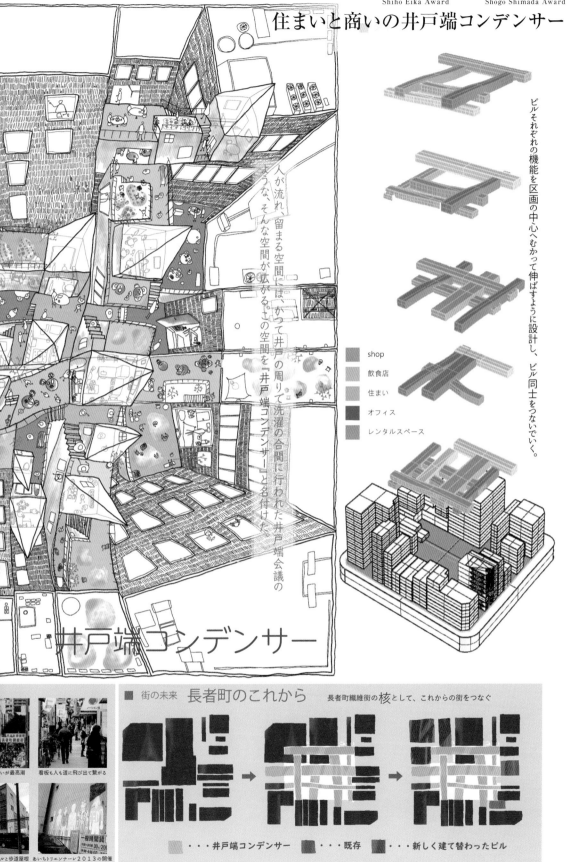

ビルそれぞれの機能を区画の中心へむかって伸ばすように設計し、ビル同士をつないでいく。

人が流れ、留まる空間には、かつて井戸の周りで洗濯の合間に行われた井戸端会議のような、そんな空間が広がる。この空間を『井戸端コンデンサー』と名付けた。

- shop
- 飲食店
- 住まい
- オフィス
- レンタルスペース

井戸端コンデンサー

いが最高潮

看板も人も道に飛び出て繋がる

ルと歩道屋根　あいちトリエンナーレ2013の開催

■ 街の未来　長者町のこれから　長者町繊維街の核として、これからの街をつなぐ

■…井戸端コンデンサー　■…既存　■…新しく建て替わったビル

（2日目）**藤村 龍至賞**
Ryuji Fujimura Award

（1日目）**榊原 節子賞**
Setsuko Sakakibara Award

名古屋工業大学
ID021　**鳴瀧 康佑**
　　　　Kosuke Narutaki

Project　**ユリイカ・フォークライフ**

人が原理に気づく体験をユリイカと定義する。この提案では、ものをつくる人々を対象に、ユリイカを誘発する集落的な住処を描く。子どもが周辺環境を捉え世界が広がっていく様をもとに、住宅を4つのステージに解剖し、設計する。

作品講評

◆ドローイングの仕方や魅せられる模型、プレゼンテーション能力が長けている作品でした。最初のテクスチャーが「素材」、物体はある意味での「構造」、そして、様式は「間取り」、最後は「社会性」。やはり「空間の持つ力」というように建築の言葉で言い換えられると感じたので評価しました。一方でこの作品は、危険をはらんでいる作品だとも思っていま

す。「誰がこの作品をつくっているのか」というプロセスが見たいがために、逆にそのプロセスが見えなくなっています。人の関わり、土地のコンテクストが絶対不可欠だと思いますが、どうしてもそれらが見えないと感じました。（榊原 節子）

◆原初的な建築を探求しつつ、複雑な形態も探求していると感じます。また、自分の言葉でそのことを説明していると思います。私自身、共感できるものもありました。（藤村 龍至）

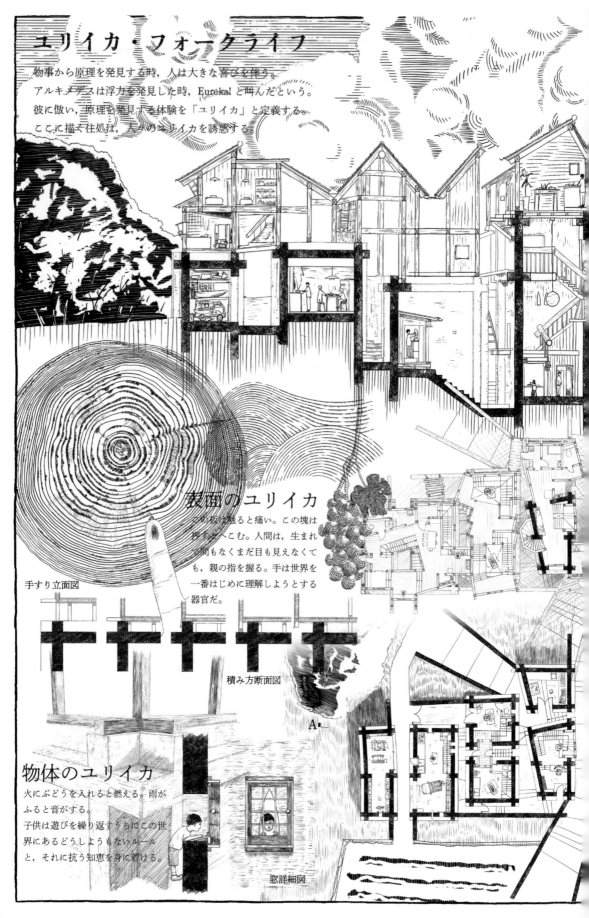

ユリイカ・フォークライフ

物事から原理を発見する時，人は大きな喜びを伴う。
アルキメデスは浮力を発見した時，Eureka! と叫んだという。
彼に倣い，原理を発見する体験を「ユリイカ」と定義する。
ここに描く住処は，人々のユリイカを誘惑する。

表面のユリイカ

この板は触ると痛い。この塊は
押すとへこむ。人間は，生まれ
た間もなくまだ目も見えなくて
も，親の指を握る。手は世界を
一番はじめに理解しようとする
器官だ。

手すり立面図

積み方断面図

A

物体のユリイカ

火にぶどうを入れると燃える。雨が
ふると音がする。
子供は遊びを繰り返すうちにこの世
界にあるどうしようもないルール
と，それに抗う知恵を身に着ける。

窓詳細図

ユリイカ・フォークライフ

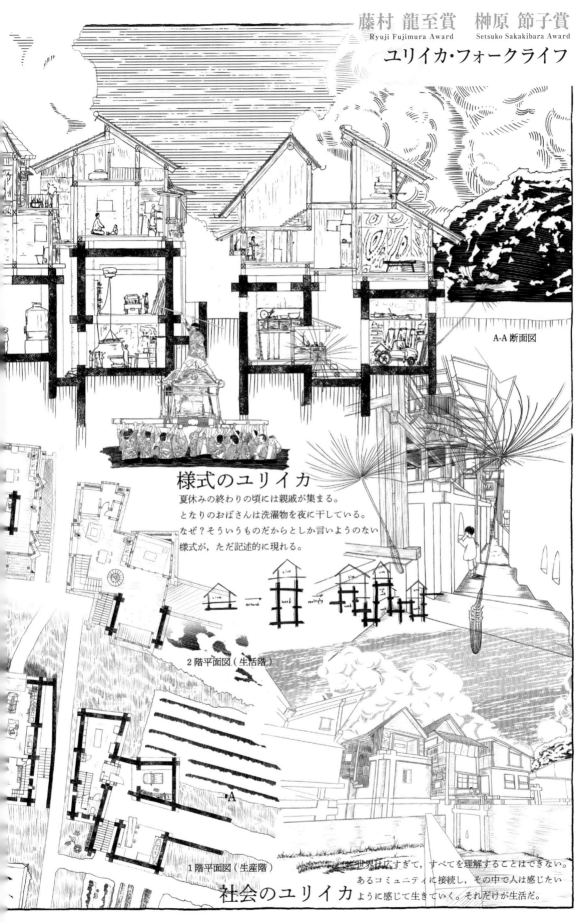

A-A 断面図

様式のユリイカ

夏休みの終わりの頃には親戚が集まる。
となりのおばさんは洗濯物を夜に干している。
なぜ？そういうものだからとしか言いようのない
様式が，ただ記述的に現れる。

2 階平面図（生活階）

1 階平面図（生産階）

社会のユリイカ

世界は広すぎて，すべてを理解することはできない。
あるコミュニティに接続し，その中で人は感じたい
ように感じて生きていく。それだけが生活だ。

名城大学

ID018　**新井 花奈**
Kana Arai

Project　**Kantaga
地区再編計画**
― 自立共生体のための循環的設計手法 ―

スラム住人がまちのアップサイクルをする提案。現在世界には約30億人もの人がスラムに住んでいて新な住処を必要としている。スラム住人は自らの手でまちに溢れるあらゆる廃材を建材に変え、まちを更新してく。スラムにある暮らしを分析し、得られた特性をもとに設計をした。建築によって新たな自立共生体が生まれまちを変えていく。

作品講評

◆現地を見て、そこにあるものでなるべく地に足ついた形で課題解決していくにはどうしたら良いか、という試行錯誤が表れていると思います。「人から見捨てられたものにこそ価値がある」という発想で、将来像やそこの住民のことまで見越してアプローチができていたのにも感銘を受けました。（東野 唯史）

◆課題と真摯に向き合い、ウガンダのカンタガ地区の再編計画という壮大な作品をつくり上げていていること。そして、積極性や課題への取り組み方が素晴らしいと思いました。（満田 衛資）

◆アフリカは、食べ物や住まい、貧富の差など、なかなか大変な世界。新井さんは実際に足を運び、過酷さに触れてきたというのも行動力があるなと思います。その中で、ペットボトルといった現地で集められる材料を使い、工夫しながら設計している点を評価したいです。（宇野 求）

Uganda Kantaga 地区再編計画

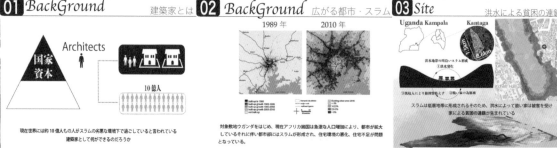

自立共生体のための循環的設計手法

01 BackGround
建築家とは

国家資本

Architects

10億人

現在世界には約10億人もの人がスラムの劣悪な環境下で過ごしていると言われている
建築家として何ができるのだろうか

02 BackGround
広がる都市・スラム

1989年　　　2010年

対象敷地ウガンダをはじめ、現在アフリカ諸国は急激な人口増加により、都市が拡大
しているそれに伴い都市部にはスラムが形成され、住宅環境の悪化、住宅不足が問題
となっている。

03 Site
洪水による貧困の連鎖

Uganda Kampala　　　Kantaga

スラムは低層地帯に形成されるそのため、洪水によって脆い家は被害を受け
家による貧困の連鎖が生まれている

04 Suggestions
建築によるアップサイクル

生ゴミ　プラスチックゴミ　輸入廃車　輸入廃家具　輸入廃衣料品

資金不足によりゴミの収集は行われない
排水のための溝にはゴミが溜まり、洪水の原因になっている
また、日本などの先進国から輸入されたゴミもスラム周辺に散乱している

"貧困の連鎖を断ち切る"

"建築"によるアップサイクル

価値がないものに手を加え付加価値を持たせ
価値のあるものに変える

05 Materials Plans
価値を生む建材

"建築"によるアップサイクル

01	ペットボトル蛇籠基礎	03	鉄メッシュ土留
02	竹筋コンクリート床	04	竹柱
05	廃タイヤジョイント	06	廃材ストック壁
07	廃トラック屋根	08	バナナ繊維基壇

06 Design Plans
基壇の積層

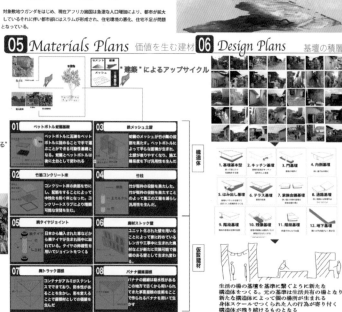

構造体

1. 基壇基本型　2. キッチン基壇　3. 門基壇　4. 内倒基壇
5. せみ出し基壇　6. テラス基壇　7. 家族会基壇　8. 通路基壇
9. 階段基壇　10. 残築基壇　11. 階段基壇　12. 地下基壇

仮設建材

生活の場の基壇を基礎に繋ぐように新たな
構造体をつくる。元の基壇は生活共有の場となり
新たな構造体によって個の場所が生まれる
身体スケールでつくられた人の行為が寄り付く
構造体が残り続けるものとなる

Kantaga 地区再編計画
― 自立共生体のための循環的設計手法 ―

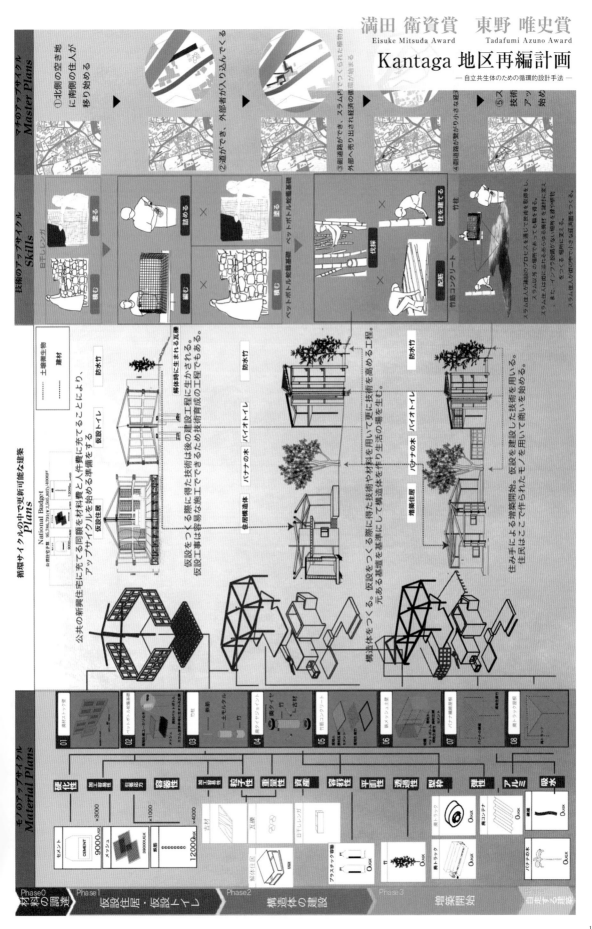

名古屋工業大学

ID029　梶田 龍生
Ryusei Kajita

Project　類推建築／空の再結晶

あの日みた風景に感動したこと
日常の中で、自分にしかないたくさんの憧れを抱えて生きている
自然や現象、生物、概念……
建築ではないものの中に秘められた強さ、美しさ、儚さ
建築ではないものから建築を考える設計手法の提案
この設計では、空から建築を考えてみよう

作品講評

◆私は設計する上で、形や空間をつくることに使命感を持ちながら取り組んでいますが、この作品は形や空間そのものに着目していた。特に「自然現象」から形や空間を生み出そう、という思考実験的な試みは高く評価しました。思考実験の結果、どんな空間が生まれたかなどの分析、リアルなプロジェクトに反映しうるのかなどをもっと示せるとよいと思います。(大野 暁彦)

◆形は面白いと思います。きれいな形もあるし、しずくが落ちるのも下に届いてる柱もあれば、届いていない柱もあって、全体的に構造的にももちそう。面白そうではあるのですが、地下もあるし、地下と地上の関係がもうちょっとあれば「建築」になるんじゃないかなと思います。もう少し何かあるとさらに良くなったのではと思いました。(山本 理顕)

類 推 建 築
晴れのヒロガリを食べる・

晴れのヒロガリを食べる

「晴れた日の朝、外へ出ると思わず深呼吸をしてしまうのはなぜだろう。それは果てしない空の広がりを、人間の体内にある肺から溢れてしまったスケールを、呼吸によってその空気感を少しでも取り込むことで無意識に身体が理解しようとしているのではないか。人のスケールでは到底語ることのできないような、有限の中に無限を内包するような建築を考えてみる。」

1　背景　引用ときっかけ -Background-

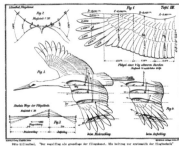

私たちの身の周りには38億年という年月をかけて環境に最適化されてきた形態や仕組みが存在する。

空を飛ぶための鳥の羽

水中を泳ぐための魚のひれ

それらの引用行為が人間の生きる世界に新たな仮説の創造や思考の展開を促してきたのではないだろうか。設計をする以上、最後は必ず建築に行きつくのならば、そのくらいの広がりを持って建築を考え始めたいと思うようになったのきっかけである。

2　調査　既存の類推建築における要素の空間化手法 -Reserch-

＜メタファー＞が内包する要素の空間化手法：16種類

A：環境の連続による領域の展開	C：緩やかな曲線によるふくらみ	D：拡張操作に伴う身体への接近	
B：曲面形状による生命的躍動感	F：具象化による生命的草相の表象	H：亀裂による自然現象の浸透	I：ヴォイドによる潜在空間の顕現
E：複層化による文脈的連続感		I：形状の抽象による物質感の昇華	
K：微小反復による境界の溶融	M：半透明化によるおぼやかな暗らい	O：形面上的抽象による感性性の深化	
	N：結晶化による微物な輝きの表現		P：小部材の重なりによる隔膜感

他領域から建築への引用には構成要素への分解と具体化というフェーズが存在する。そこで、引用対象の構成要素をどのように空間化しているのかを建築家の言語描写から読み取り、類型化した。

研究資料：新建築
対象期間：1950-2021
研究対象：＜メタファー＞が内包する要素を建築空間に写像している
　　　ことが読み取れる記述のある336作品1343事例

3　設計手法　＜空＞から建築を考える

『晴れのヒロガリを食べる』

「晴れた日の朝、外へ出ると思わず深呼吸をしてしまうのはなぜだろう。それは果てしない空が広がりを、人間の体内にある肺から溢れてしまったスケールを、呼吸によってその空気感を少しでも取り込むことで無意識に身体が理解しようとしているのではないか。人のスケールでは到底語ることのできないような、有限の中に無限を内包するような建築を考えてみる。」

参照対象

Deep と sky

参照対象

【方向性】	【柔和性】	【積層性】	【小

周囲を遮ることによる視線の【方向性】 ／ 雲の形態的な柔らかさと光の拡散による【柔和性】 ／ レイヤーが幾重にも重なる【積層性】 ／ 半径70c生み出す

〈ヴォイドの挿入〉　〈膜材・カテナリー〉　〈複層〉　〈2㎡

類推建築／空の再結晶

空 の 再 結 晶

／を纏う・雲のナガレを浮かべる

「雲のように軽やかに地表のわずか上を覆い、巨大で広範だけれど実体がなく穴だらけで、気まぐれに表情を変えていくような、そうゆう建築を目指してみる.」

雲のナガレを浮かべる

Methods by Analogical Deduction from Non-Architectural Domains-

『／を纏う』　　　『雲のナガレを浮かべる』

「雲のように軽やかに地表のわずか上を覆い、巨大で広範だけれど実体がなく穴だらけで、気まぐれに表情を変えていくような、そうゆう建築を目指してみる.」

参照対象

Cloud

【ノイズ】　【隙間】　【虚構感】　【移ろい】

傘や屋根に雨音が当たる時の【ノイズ】　光が漏れ出す雲と雲の【隙間】　さらさらと手に取ることのできないような【虚構感】　刻一刻と変化する表情の【移ろい】

〈浸透〉　〈ズレ〉　〈集合形成〉　〈金属〉

4　シーン　-Scene-

ID055
名古屋市立大学
宮脇 由奈
Yuna Miyawaki

Project

浄水回廊
― 下水処理プロセスの体感型ミュージアム ―

水槽を経て水が澄んでいく下水処理場の処理プロセスを、光の明暗とそれに伴う植生の変化という新しい空間体験によって、通ることで処理のプロセスを体感できるミュージアムを提案する。迷惑施設として生活から隔離されがちな下水処理場と人との、新たな関わり方を考える。

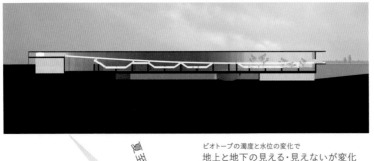

ビオトープの濁度と水位の変化で
地上と地下の見える・見えないが変化

空間の明るさに合わせて植生が変化

差し込んだ日光が
処理槽の水を通して展示室へ入る

作品講評

◆現場見学を経て、そこでの学びを落とし込めればさらに完成度の高い作品になっていたと思います。作者の提案で評価したいのは、自然現象で起こり得ることを予測し、どのように対応しているかという部分です。私自身、自然現象とインフラに興味を持っていたため、非常に興味深い作品でした。（宇野 求）

Participation
Designs

NAGOYA Archi Fes 2023

作品紹介

猫の特性として、身の回りのものや空間に自由に利用して行動することが挙げられる。猫の行動によって読み替えられた、様々なサイズや素材などの空間の要素を猫のためだけでなく人にも良い影響をもたらすように商品化住宅に取り入れることで、建物に新たな開口や凹凸などが生まれ、それらが人に対しても効果的な役割を持たせることで、猫と暮らしながらより多様な空間へと変化させる可能性があるのではないかと考えた。

1 Instagram を利用した猫の行動の分析
猫が身の回りのものを読み替えている姿に注目

フェンス
人：敷地を分ける
猫：よじ登る
金網を抽出
同様に、計286枚の写真から25の要素を抽出

2 空間のアイデア
1の要素を空間にどのように利用できるか考える
例 つたがうほ、ものをかける
72のアイデアを出した

3 商品化住宅への挿入
老後を迎える夫婦の住宅を対象にアイデアを挿入
1階平面図
28のアイデアを住宅に挿入

リノベーション後の夫婦の一日の生活

猫に起こされ1日が始まる
洗濯物を干す
郵便局の人と話す
通りかかった人も見える
天気の変化を楽しむ
帰宅すると猫が出迎える
家族の仲を和ませる
満船に浸かりながら聖空を見る

ID002
信州大学
岡田 枝里香
Erika Okada

ID002
信州大学
岡田 枝里香
Erika Okada

Project

猫と暮らす家
— 猫の行動特性を利用した商品化住宅のリノベーション —

猫は身の回りの空間を自由に読み替えて行動する。しかし飼い猫が生活する空間は人のためにつくられており、特に商品化住宅は居住者や地域によらず画一化された建物である。そこで猫が行動に利用している空間の要素を、人に対しても効果的に住宅に取り入れることで生まれる、人と猫の豊かな暮らしを提案する。

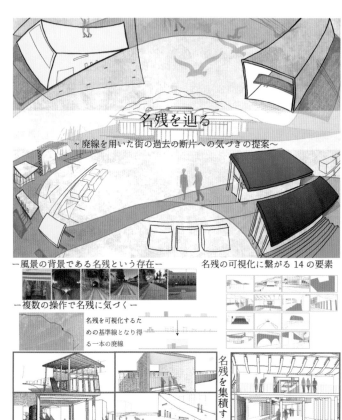

名残を辿る
〜廃線を用いた街の過去の断片への気づきの提案〜

—風景の背景である名残という存在—

名残の可視化に繋がる14の要素

—複数の操作で名残に気づく—

名残を可視化するための基準線となり得る一本の廃線

名残を集積する

ID003
福井大学
中嶋 海成
Kaisei Nakajima

ID003
福井大学
中嶋 海成
Kaisei Nakajima

Project

名残を辿る
— 廃線を用いた名残の価値の再生 —

歴史の積層で生まれた「名残」は街に点在し、日常のそばで息を潜めている。建築がつくり出す空間は人の心に大きく訴えかけ、名残に焦点が当たることで過去への気づきと記憶の再生をもたらすきっかけをつくり出し、日常の身近な存在である名残に価値を与え、街を彩らせる提案。

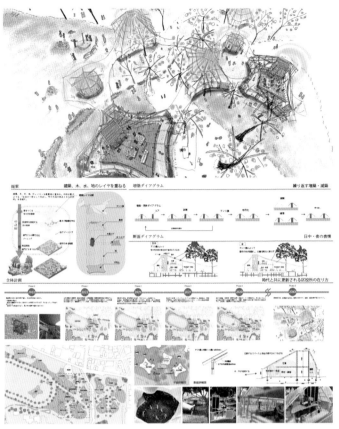

ID011

名城大学

神谷 尚輝

Naoki Kamiya

庁舎建築再考

― 町の拠点としての区役所のあり方 ―

現在の庁舎建築は、町から乖離し、高層に積み重ねられた箱物建築となっている。本提案では、住民の生活の一部となっている中村公園の複数の要素を重ね、課ごとに分散配置することによって、長期的に建て継がれながら、町に開かれ交流の拠点となる区役所を提案する。

ID012

福井大学

川北 隼大

Shunta Kawakita

復林が導く真価

木材として使用できるにも関わらず、伐採されないで遺されていく森林に儚さを感じた。発展する街によって森林と人々の距離が開いていく現代において、林業と人々の接点を広げる提案をする。街の発展と共に人々は資源として森林を使い、植林によって森林を新しくする。美しさと有用性を併せ持つ森林の真価が表れる。

集落再耕

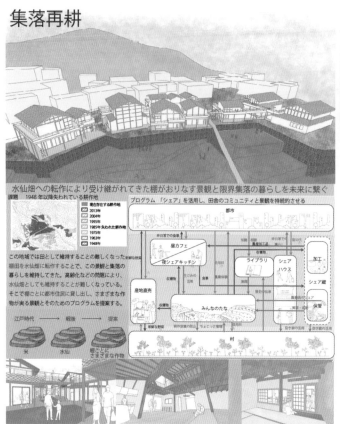

水仙畑への転作により受け継がれてきた棚がおりなす景観と限界集落の暮らしを未来に繋ぐ

課題　1948 年以降失われている耕作地

この地域では田として維持することの難しくなった棚田を水仙畑に転作することで、この景観と集落の暮らしを維持してきた。高齢化などの問題により、水仙畑としても維持することが難しくなっている。そこで畑ごとに都市住民に貸し出し、さまざまな作物が実る景観とそのためのプログラムを提案する。

ID014
名古屋大学
青山 悠人
Yuto Aoyama

集落再耕

— 梨子ヶ平集落における持続可能な風景の提案 —

棚田を水仙畑に転作することで、棚田景観を繋いできた梨子ヶ平集落。今日、その景観が住民の高齢化や獣害によって失われつつある。さらなる転作による自由耕作地オーナー制度と、集落景観に溶け込む「まわりげや」による建築的操作、モノや空間のシェアによる交流などにより、集落の暮らしと美しい景観を未来へ繋いでゆく。

ID015
名城大学
市原 大輝
Hiroki Ichihara

住宅街のモジュロ

— 住まいのソトの設えからみる、まち空間のエリアリノベーション —

寂然とした住宅街に、どこか物足りなさを感じていた。自分の住むまちの空間を形づくる住まいのソトの設えに着目すると、住まいの領域や境界線が交差する中で、ヒトの居場所となり得ないモジュロ(剰余)が多く存在すると考えた。5つの殺風景たる敷地をふるまいの場へと転換し、そこからエリア全体をヒトの場へと変えてゆく。

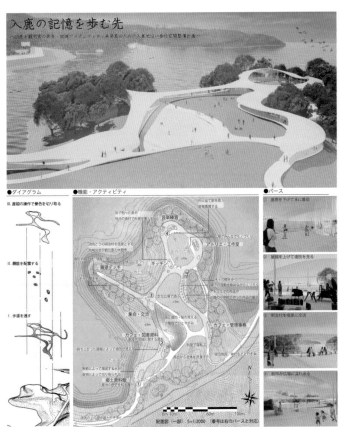

入鹿の記憶を歩む先

ID016

名古屋大学

森 琢人

Takuto Mori

入鹿の記憶を歩む先

400年前の人々が生きるために造った堤防と入鹿池は今、豊かな自然に溶け込んでいるが地域の日常生活とは離れている。本提案では入鹿池のほとりに郷土資料館と、これからの豊かさを育む余暇活動施設を設計する。シークエンスを楽しむ歩行空間の中で建築が風景を切り取ることで歴史を想い、今とこれからを記憶・創造する。

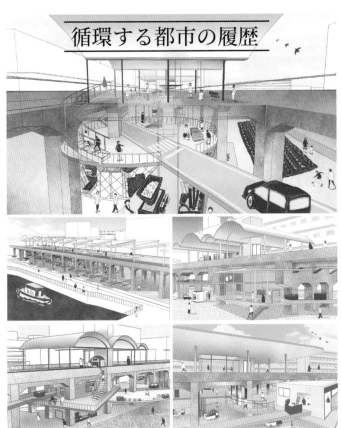

循環する都市の履歴

ID022

名城大学

松井 宏樹

Hiroki Matsui

循環する都市の履歴

大量消費社会の中で都市は個性を失ってしまった。
工業用地に残る未成線の廃線高架を、街の廃棄物や余剰を地域の資源として循環させる装置へと変容させる。捨てられるはずだった都市の履歴は人々の活動によって、街へと戻り新たな風景をつくり出してゆく。

ID026

名古屋大学

平野 愛也

Manaya Hirano

Project

鳳鳴石の道
― 鳳来寺硯記念館の設立 ―

文房四宝の一つである硯は、一つの石から削出され、最高級の土産物であった。しかし、今は、硯職人の減少や書道離れの影響で、石からつくられる硯の魅力が知られていない。私は、そのような硯を、鳳来寺硯の生産地である鳳鳴寺山の麓の参道を敷地とし、硯の展示・保存・継承を硯の博物館の計画を通して考える。

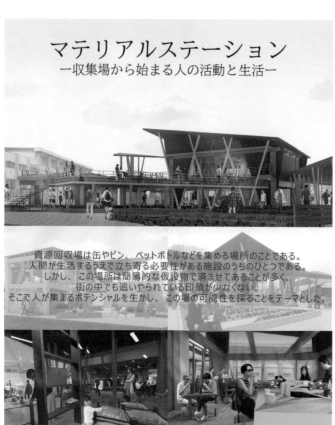

ID030

愛知工業大学

鈴木 蒼都

Aoto Suzuki

Project

マテリアルステーション
― 収集場から始まる人の活動と生活 ―

資源収集場はリサイクル可能な物を集める場所だ。ここは人が集まるポテンシャルはあるが何か生まれることは殆どない。そこで本計画は資源収集のポテンシャルを生かし、日常で資源の循環を起こすことを目的とする。さらに市民が参加することでより大きな循環を生み、新たな資源収集場のあり方として象徴的になるよう設計した。

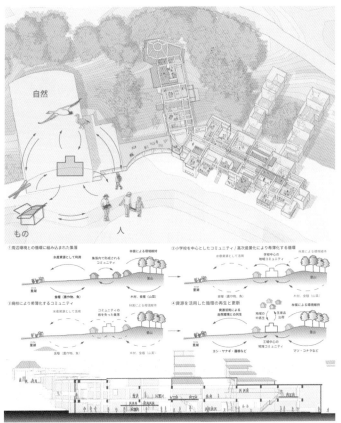

ID031

名古屋市立大学

須田 真理

Maaya Suda

Project

長屋化廃校建築

— 人、もの、自然の循環更新計画 —

地方の廃校となった小学校をコンバージョンし、工場と図書館を組み込む。地方が抱える少子高齢化や過疎化、環境問題などと向き合い、かつて存在していた循環を再考する。循環を再生させるだけでなく、現代に合わせて更新することで地域の新たな活動拠点を創出する。提案の先においても循環が行われるよう空間を検討した。

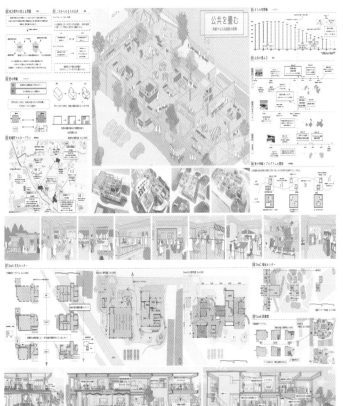

ID033

信州大学

岡部 志保

Shiho Okabe

Project

公共を畳む

— 伸縮する公共施設の提案 —

坂城町の行政機能を担う3つの公共施設の減築により、町を豊かにする。地方都市では人口減少による住民の減少や高齢化により公共施設再編が検討されている。そこで用途により伸縮できる空間を持つ公共施設を計画する。人口減少に応じて施設の床面積は減少するが、室の伸縮によりさまざまなプログラムに応え、町の活動を支える。

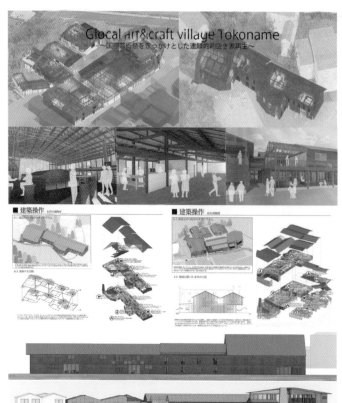

Glocal art&craft village Tokoname
～国際芸術祭をきっかけとした連鎖的的空き家再生～

ID034
愛知工業大学
服部 楓子　Huko Hattori
丹羽 菜々美　Nanami Niwa

Project

Glocal art & craft village Tokoname

― 国際芸術祭をきっかけとした連鎖的空き家再生 ―

地域活性化の手段として芸術祭が注目されている。全国各地で空き家を活用してまちなかにも会場を設け、広域に展開されている。しかし、イベントが終了すると会場は再び空き家に戻る。本提案では、国際芸術祭あいち2022の常滑会場を対象とし、2つの土管工場を日常的に利用することで地域と連携した継続的活用を目指す。

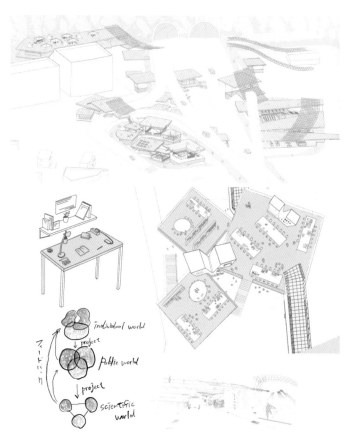

ID040
名古屋造形大学
堤 創希
Soki Tsutsumi

Project

日常の変容

都市交通機能の行き交うもので構成されるジャンクション。計画のボリュームが既存環境に対して飛び越えたり、エクステンションとなったり、強調する要素となる。このことは、居場所を失った現在の都市の在り方に、「出来事」という要素によってこそ都市たり得るという風景を提示する。

ID045

福井大学

川畑 奨太

Shota Kawabata

織り成す町屋

― これまでとこれからを紡ぐ ―

私は、京都で育った。私は、京都が好きだ。しかし、近年観光客が増加し、観光公害が目立つようになった。京都市としても観光客を中心に考えた取り組みばかりで住民の存在は無視されつつある。京都は住民にとって住みづらい街になっている。私は、京都を好きでい続けたい。そんな希望を持って観光と暮らしの共生を提案する。

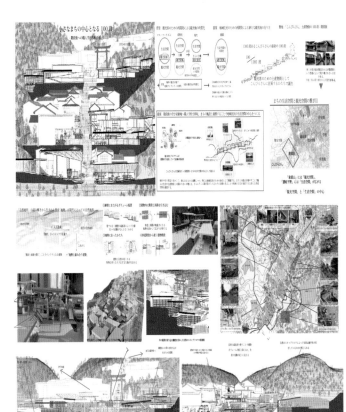

ID048

名古屋市立大学

山路 大悟

Daigo Yamaji

小さな町の中心となる100段

― 階段街への職人学校移転計画 ―

現代の観光地における地域の文脈や住民を無視した観光客のための再開発は、地域住民の生活空間を縮小させ、全国の観光地どうしの均質化を招く。観光地こんぴらさんのある琴平町において、職人学校を参道へ移転し生活空間を地勢の読み解きによって計画することで、過去の文脈を継承しつつ新たな地域の風景となることを目指した。

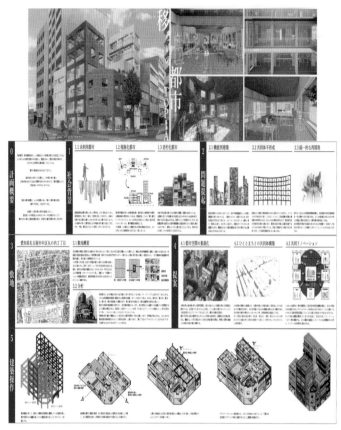

ID050
愛知工業大学
岩渕 蓮也
Renya Iwabuchi

移ろいの都市 TOPIA

現代都市とはいかなるものか。人口減少社会の今日、集中・維持と焼き直し的成長がそこかしこに見られる都市空間にくらしの精髄である集落を生んでみたい。森を拓き、水を引いて生業をし、土地の境界も忘れて市や祀り事に集うかのごとく都市建築という大地を拓いてゆきたい。本提案ではそのための共同体を育む都市TOPIAを計画する。

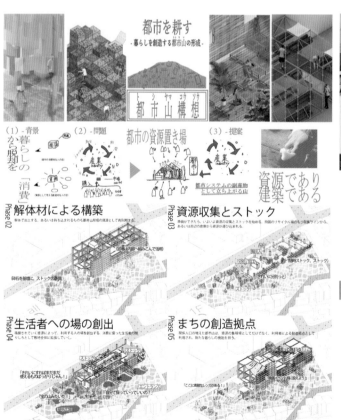

ID051
名古屋工業大学
大澤 葵
Aoi Osawa

都市を耕す
— 暮らしを形成する都市山の形成 —

「製品」の購入と消費で築かれる都市の暮らしにおいて、生活者は場所やモノを、自らで自由に扱う対象物である「資源」として捉えることができず、暮らしを豊かにするための創造的な手続きを忘れている。産業に隠された資源を生活者へ開放する。都市による都市ならではの創造的な暮らしは、この都市山構想から始まる。

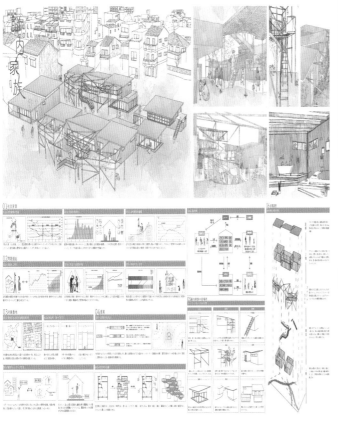

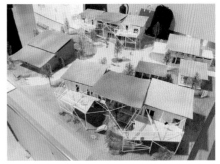

ID052
愛知工業大学
保田 真菜美
Manami Hota

脳内家族

今もなお残り続ける理想の家族像。快適さを求めた住宅は多様化する家族の内を押し隠している。本提案は一方的な理想像に抵抗した、新たな家族像を建築が許容することを目的とする。

漸増する記憶

さまざまな技術の発展により、強靭なハコによって私たちはどこでも安全に生活できるようになった。現在、個々で生きていくことが容易になったため人との生活の距離が離れてしまっている。そこで「学ぶ」という行為を媒介にし、今一度地域と共にある生活の姿をこのまちに生み出す。義務教育期間の学校である小中学校の新しいあり方について考え直し、学校を中心としたコミュニティを形成する。その土地の記憶と現在の人々の生活の場が融合することで、この地に新しい景色を生み出す。
この建築はまちの「学び」のシンボルとなり、まちの人々をつなぐ架け橋のような存在になっていく。

 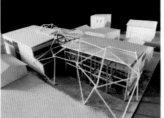

　既存の小中学校を解体し、まちに分散した形で小学校、中学校を改築、新築で設ける。義務教育期間の「見えない学校」としてだけではなく、地域住民も利用できる「見える学校」を計画。授業によって教室が割り振られ、まちに分散された教室を転々としながら授業を受けていく。このようにすることによって学校がまちから見えるようになる。また教室移動の度にまちに生徒が溢れ、住民と生徒との交流の機会も増え、まちの活性化に繋がっていく。
　まちに分散させる学校の機能を持った建築は時には授業で使う教室として、授業がない時にはまちの人が自由に利用できる場として使える。このように授業がないときなどに実践的な学びや授業だけではできないより深い学びを受けることができるようになる。教室はチャレンジショップやコワーキングスペースなどとしても活用することができる。これらの建築を徒歩10分圏内の範囲内に分散させ、小学生でも無理なく利用できる距離で形成する。私たちがこのまちで生まれ育って良かったと胸を晴れるフィールドになることが私たちが真に地域と共にある生活になったと言えるのではないだろうか。

ID056
静岡理工科大学
平間 聖規
Toshiki Hirama

漸増する記憶

私たちは現在、強靭なハコによってどこでも安全に生活できるようになった。個々で生きていくことが容易になり、人との生活の距離が離れてしまっている。「学ぶ」という行為を媒介にし、今一度地域と共にある生活の姿をこのまちに生み出す。まちの「学び」の拠点となり、まちの人々をつなぐ架け橋のような存在になっていく。

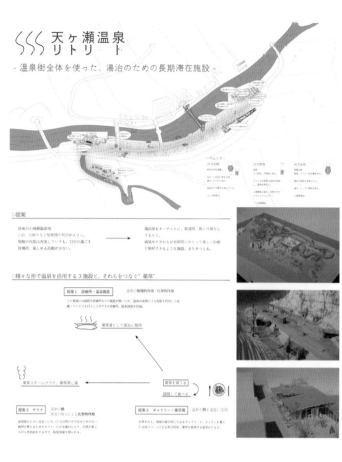

天ヶ瀬温泉リトリート

- 温泉街全体を使った、湯治のための長期滞在施設 -

□提案

従来の小規模温泉地
1泊、日帰りなど「短期間の利用」がメイン。
施設の内部を充実していても、日中の過ごす
居場所、楽しめる活動がない。

→

湯治客をターゲットに、数週間〜数ヶ月滞在し
てもらう。
病気やケガの人が長期間にわたって楽しく治療
を継続できるような施設、まちをつくる。

□様々な形で温泉を活用する3施設と、それらをつなぐ"薬草"

提案1　診療所・温泉施設　　温泉の物理的作用・化学的作用

この地域には温泉や薬湯病など様々な施設があるため、温泉の病院による見地を利用した自
療・リハビリを行うことができる診療所。温泉施設を併設。

薬草湯として湯治に使用

薬草を育てる

薬草を育てる

料理して食べる

薬草ステームサウナ、薬草蒸し器

提案2　サウナ　　蒸草の熱効果

温泉街から少し離れに入った大きな湯の中で自然とと
精神を整えるためのサウナ。自の保養になり、自然を感じ
ながら判別的なリラックス、転地効果が得られる。

提案3　ギャラリー・薬草園　　温泉の熱を栽培に活用

水分の多いジギャラリーとなるギャラリーと、キッチンを備え
た公共サービスとなる水の目的、薬草を栽培する薬草からもる

ID057

名古屋市立大学

北嶋 紘典

Kosuke Kitajima

天ヶ瀬温泉リトリート

— 温泉街全体を使った、湯治のための長期滞在施設 —

大分県日田市の天ヶ瀬温泉を対象に、診療所、サウナ、ギャラリー・薬草園の3つの施設を温泉街に分散させるように計画した。「湯治」のあり方を見直し、短期間の観光目的ではなく、温泉や薬草といった自然の力を活用した病気や怪我の人のための長期的なケアと、まち全体で湯治客が楽しく滞在する新しい日常を提案する。

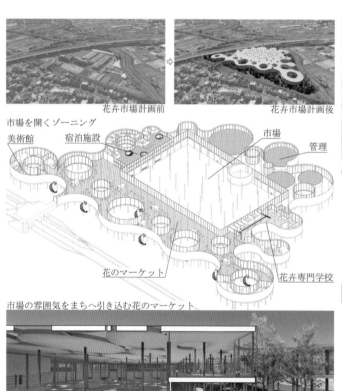

花卉市場計画前　　　　　　花卉市場計画後

市場を開くゾーニング

美術館　宿泊施設　　　　　　　　市場

　　　　　　　　　　　　　　　　　管理

花のマーケット　　　　　　　花卉専門学校

市場の雰囲気をまちへ引き込む花のマーケット

ID058

中部大学

海江田 柊斗

Shuto Kaeda

花が集まり、人が集まる

— 愛知豊明花卉市場をまちへ開く —

愛知県豊明市にある「愛知豊明花卉地方卸売市場」は日本最大の花卉(かき)を扱う市場である。本市場はまちに対して閉鎖的であり、まちに全く貢献していない。そこで、市場をまちへ開くことによって、花卉市場がまちの重要な魅力の一部になり、豊明市の誰もが花卉市場を誇りに思えるような施設となることを目指す。

新たな都市空間を作るための図

囲われた余白には内部空間の延長としてマルシェなどの活動。歩道の延長として公共空間を提供する。

空間を織る

ストラクチャーによる解釈の余白を残した空間

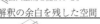

ストラクチャー　　展示会　　店舗1　　店舗2

ID059
中部大学

中安 原也
Genya Nakayasu

ID059
中部大学

中安 原也
Genya Nakayasu

Project

遠州織物の始原へ
― 浜松の繊維産業の再興 ―

浜松を中心とする遠州地域は江戸時代から続く繊維産業が盛んであったが、現在は衰退産業となっている。産業のアイコンが存在しない遠州織物が未来へと飛躍するために、新たな都市空間をつくりだす自立した建築を目指す。織物のように空間を織りながら、多様な遠州織物の変化を許容する建築が繊維産業の現状を体現する。

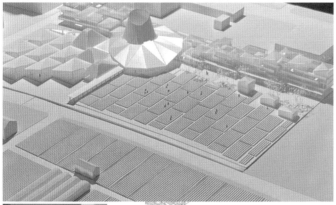

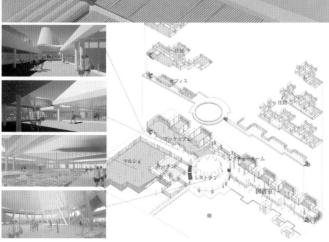

ID060
中部大学

小野 衛
Mamoru Ono

ID060
中部大学

小野 衛
Mamoru Ono

Project

まちの食卓
― 東海市大田町の食の総合拠点 ―

現代社会において、多くの人が食べ物を簡単に入手できるようになった。しかし、物質的に豊かになる一方で、多くの人にとって食べ物を育て、収穫するといった機会は減りつつある。このことから、生きるために不可欠である「食べる」という行為について、問いかけを与えるような空間が必要なのではないだろうか。

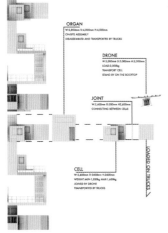

ID062

大同大学

小林 宥貴

Yuki Kobayashi

Project

シン・メタボリズム

― 未来都市構想 ―

現在の日本を取り巻く状況から、かつて黒川紀章が思い描いた《ホモ・モーベンス(動民)》の時代がついに到来するように思われる。そうした中、建築運動が起きた1960年代には技術的、社会的に実現が難しかったメタボリズムについて再考し、未来の都市のための建築を提案する。

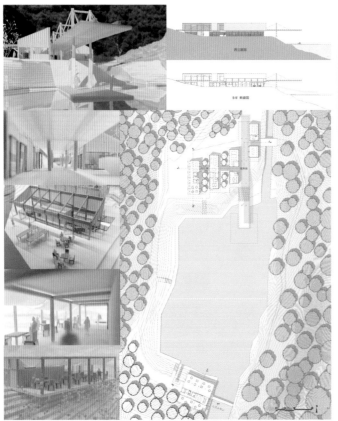

ID063

静岡理工科大学

松橋 求道

Motomichi Matsuhashi

Project

堤より巡る

― 蛍と共存する里山 ―

農業用水のため池である山原堤に養殖漁業を導入し、人と自然の関係を再構築する建築を計画した。魚の養殖場の傍には農作物の加工場を設け、池の水を使ってつくられた作物が、魚の餌として水に還る。この池にかつての水路のような環境が取り戻され、いつかこの場所に蛍が棲みつくことを願って設計した。

ID067
名城大学
西野 侑花
Yuka Nishino

よりどりみどり
― 丘とみどりでつむぐ都市のよりどころ ―

私たちの生活は技術の発達によりとても便利なものになった。その一方で、現代社会に生きる人々はどこか忙しく、心にゆとりがない。人々がもっとのびのびと生きるために、丘とみどりで紡ぐ都市のよりどころを設計した。

ID068
名古屋工業大学
伊藤 亮太
Ryota Ito

建築と反復
― 多様性と差異を生む反復手法 ―

反復。それは単調なものだと考えられている。しかし実際、建築における反復とは多様性と差異を生む手法であり、多様な空間の生成や同一性の中の微小な差異の生成により、人々の思考を促し建築に対する解像度を高めるものである。本設計ではこの手法を導出し、設計に用いることで建築における反復の新たな可能性を見出す。

ID069

名古屋工業大学

加藤 唯

Yui Kato

あの日のわたし、みんなへ

— 地域性の遺伝的継承による記憶の想起 —

古来より住宅はその土地の地域性に依存して具現化された歴史がある。しかし、住宅の工業化・規格化が進んだ結果、現在は全国画一的な様相である。ここで、規格化された設計の住宅の再解釈を行い、地域性を適応することで、地域ごとに異なる様相をもたせる。

ID071

愛知工業大学

山本 裕也

Yuya Yamamoto

水際空間再考

海岸線沿いには風光明媚な水域環境が存在する一方、津波への畏怖より防潮堤を築き水域との距離が遠のいた地域もある。本提案では既存の防潮堤へ建築を付加し、親水と防災を両立した水際空間を生み出すことを目指す。

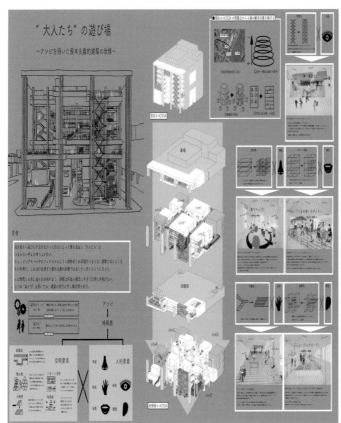

ID074

福井大学

喜多崎 匠
Takumi Kitazaki

福井大学

喜多崎 匠
Takumi Kitazaki

"大人たち"の遊び場
— アソビを用いた資本主義的建築の改修 —

行き過ぎた資本主義の影響で人は心に、建築は空間に余裕がない。再開発に失敗した建築の問題点をマクロな視点から解決し、ミクロな視点では抽出した空間要素と五感による人的要素を組み合わせ建築のアソビを生む。地方都市の生ける廃墟において人と建築の双方に解決策を示し、資本主義とのより良い関係を提案する。

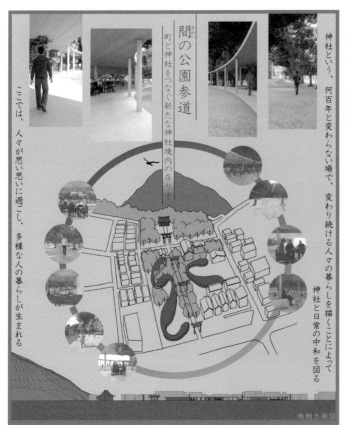

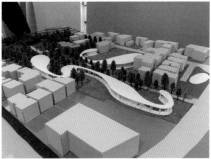

ID075

福井大学

山際 凛
Rin Yamagiwa

間の公園参道
— 町と神社をつなぐ新たな神社境内の在り方 —

神社という場は古くから私たちにとって身近な存在であった。しかし近年、人々に忘れられつつある神社が多く存在する。そこでこの計画では、神社らしさを壊すことなく神社と町をつなぐことを目指す。そのための提案として参道の幅を拡張し、人々が留まる憩いの空間とすることで、神社を再び身近な存在とする。

BUG HOUSE

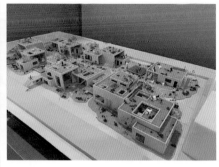

ID076

東海工業専門学校金山校

山本 昂紀

Koki Yamamoto

Project

BUG HOUSE

― 蟲と暮らす ―

私は蟲と関わることで、命の尊さや生態系における蟲の役割を知った。私は自然と蟲に囲まれて暮らすことの良さを感じられる共同住宅を提案する。蟲の恩恵を感じながら暮らすことで、蟲に対して関心を高める。人間と生き物が共存する新しい建築のあり方を描く。

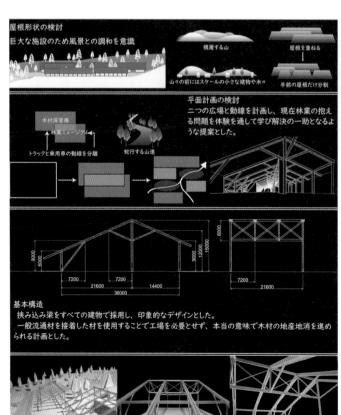

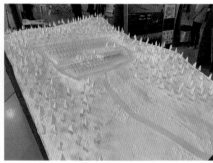

ID081

中部大学

渡邊 裕太

Yuta Watanabe

Project

人々に開かれた林業の再興へ

― 木材流通センターと林業ミュージアムの複合施設 ―

近年、環境問題や新たな技術開発といったさまざまな要因により、中・大規模建築の木造化・木質化の事例が増えている。しかし、そこで使用される木材やそれに関わる木材産業そのものの問題に視線を向けている人はいるだろうか。本設計は、国内林業の再興に向けた地域拠点のモデルケースとなる事を目的としたものである。

ID083
名城大学
伊藤 葵
Aoi Ito

深隣再生

― 亀崎町木密地域における狭隘道路保存 ―

町は車道によって分断されコミュニケーションは希薄化した。対して半田市亀崎町にはせこ道(狭隘道路)が多く残り、その狭さは人の距離を近づけコミュニケーションを生み出す。しかしその狭さから更新は難しく、建物は劣化し住民が減少した。狭いまま更新できる町とすることで、道が繋いでいく狭くて大きな一つの町を残す。

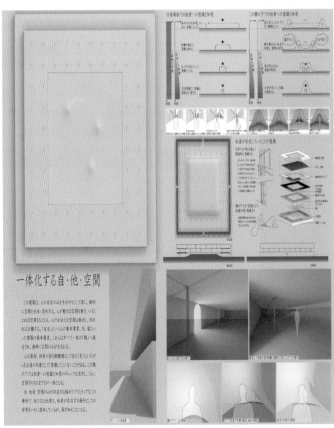

ID088
名古屋大学
七原 宇紀
Takanori Nanahara

他者を見ること、意識すること。

この建築は直に人の存在のみから空間を生成し、その存在感を可視化する。人の居る場所が柔らかく立ち上がり、内部空間となる。人は普段、他者の姿を網膜像として「見て」いながらも注意の対象として「意識して」いないことがある。この建築の中で両者のギャップは消失し、そして知覚と意識、内部空間が全て一体となる。

浸透・邂逅 ～日常に浸透する豊橋中心市街地の再生～

背景 豊橋市の人口増加率の低減
これまで郊外開発が進み市街地が拡散してきたが、今後は
急激な人口減少が見込まれている。拡散した市街地のままで
人口が減少し居住が低密度化すれば、一定の人口密度に
支えられてきた医療・福祉・子育て支援・商業等の生活サービス
の提供が将来困難な状況になりかねない。

20年前の豊橋

提案 コンセプト：浸透
【故×新】これまでの豊橋らしい建築と真新しさのある超高層ビルが混ざり合う都市
【商業×生活】商業的な路地空間と生活感溢れる路地空間が存在し、日常的な機能が発見され応用される
【市民×観光】豊橋特有の生活を魅せる商業地で観光客も楽しめる都市
【本×知識】まちなか図書館だけにとどまることなく街の至る所で本から知識や情報を得られる都市

現在の豊橋

少子高齢化社会に沿った、低層高密度な街の時代が来ると想定。新しい都市の在り方を豊橋をモデルに検討。

計画地：豊橋駅前大通 2丁目、3丁目

左図の場所を計画地に選定し、
・2021年に新設した超高層ビル型マンションと歴史ある低層高密度な街の浸透を目的とした Aプラン
・制作意欲を掻き立て、商業・鑑賞まで行える建築としてスタジオやアトリエ、ギャラリーと住居を混合させた Bプラン
・人通りの少なく店舗の少ない場所に、まちなか図書館だけに留まらず溢れ出す知識や情報を取り込め、簡略化した街のような空間を提供する Cプラン を提案。

Aプラン　　Bプラン　　Cプラン

ID089
静岡理工科大学
尾上 愛斗奈
Atena Onoue

Project

浸透・邂逅
— 日常に浸透する豊橋中心市街地の再生 —

古と新、商業と生活、市民と観光、知識と街、4つの観点から、浸透・邂逅というコンセプトをかかげ、プランを計画。少子高齢化社会が進み、低層高密度な街を推す時代が来ると想定。適切な地方都市である豊橋市をモデルに、隙間のあるビルにコモン・パブリックが混ざる形態の建築は、これからの日本に適した都市として成長する。

ヨハクビラキ

街に残された余白は町を変えるきっかけになるのだろうか。
現在、日本全国の多くのまちが抱える空き家問題を静岡県天竜区水窪町をケーススタディとして取り組む。まちの余白となった空き家を街に開くことで生活の向上と地域活性化を目指した提案である。
水窪町を調査した結果、古来から残り続けている秋葉街道沿いに多くの古書が集中しており、それらが空き家（余白）となっていることが分かった。そこでこの秋葉街道沿いの空き家を敷地する
本設計では、「減築」をデザインコードとして扱っていく。まちを歩いていると空き家が壁となり圧迫感や人気のないまちを演出している。しかし水窪ならではの街並みや歴史、記憶があり、空き家を解体し新しい建築を建てるわけにもいかない。そこで空き家の一部を減築し、余白をまちに開放し、その開かれた余白で人々が交わる設計をしていく。

町にある余白を町に開いていく。
まちを歩いていると空き家が壁となり圧迫感や人気のないまちを演出している。しかし水窪ならではの街並みや歴史、記憶があり、空き家を解体し新しい建築を建てるわけにもいかない。
そこで空き家の一部を減築し、余白をまちに開放し、その開かれた余白で人々が交わる設計をしていく。
この「余白ならざる余白」を真に「余白」にした住宅を考えていく。
今回設計した施設は、地方移住社のための宿泊施設や草木染場を設計した。

ID090
静岡理工科大学
高木 淑彬
Toshiaki Takagi

Project

ヨハクビラキ

まちに残された余白はまちを変えるきっかけになるのだろうか。
現在、日本全国の多くのまちが抱える空き家問題を静岡県天竜区水窪町をケーススタディとして取り組む。まちの余白となった空き家をまちに開くことで生活の向上と地域活性化を目指した提案である。

水に集う建築 ～わたしたちのいるところ～

【敷地】

愛知県岡崎市乙川

乙川は矢作川水系の支流で一級河川である。加工は天白町にあり矢作川に合流している。矢作川とは愛知県中央部を南西に貫通し知多湾に注ぐ河川である。乙川の流域面積は約84kmで、このうち市内延長は約18km、市内流域面積は258kmである。

【背景】

乙川は大正12年(1923)に明神橋が架けられるまでは矢作町と対岸の板屋町との間を住まうための渡し船が運航されていた。利用客を多く集め嫌がられることが望まれていたといわれる。
この渡の背景には昭和年(1927)迄と記されており、以前にも木製の橋があったこともうかがい知ることができる。
乙川の渡しは、明神渡(福島の渡)のほかに現在の殿橋付近に高宮の渡、明代橋付近に曽生の渡、吹矢橋付近に矢の渡、があったといわれている。

【設計趣旨】

都市の裏になってしまった川沿いは、人が集まることが少なくなり、空間が余ってしまっている。ここ乙川で6周にことうは過ごすことができる。そこで、川沿いに3つの敷地を設け、それぞれ敷地にあった計画を設計する。
乙川地域に昔から住まわれている方々、新しく移ってこられた方々、岡崎市外から訪れる方々、こうした異なった時間や場所を経た人たちが一同に集まれる空間を目指す、この乙川沿いを歩き、川を流れ、訪れる人たちの気持ちを楽しませる空間を目指す。

Site1

〈食で集う〉

吹矢橋付近を敷地にする。この敷地周りでは、岡崎市役所やオトリバーサイドテラスがある。他にも伝馬通り、康生通りがあり、飲食店や雑貨店などが並んでいる。乙川を歩いている人はもちろんのこと、舟着場から来た人も利用できるようになっている。舟の上に乗ったままでも買い物ができる。露店には、伝馬通りや康生通り、オトリバーサイドテラスなどで扱っている商品を出す。イベント時には屋台にも利用できる。多くの人やモノが交差し、賑わいを出すことを目指す。岸と島の屋根が延長線上で重なるようになっている。葉でつながっていないが、一つの洞窟のような空間をつくりだす。

Site2

〈産業で集う〉

この敷地周りは主に住宅地となっている。近くの公共施設は岡崎市郷土館や、演劇やコンサートで扱われる多目的ホールのせきれいホールがある。ここには、歩行者専用機を架け、伝統工芸品の体験工房やショップ展示室を設ける。岡崎市の歴史や産業(伝統工芸品)を体験することを目的とする。体験工房は前面ガラス張りになっているので、自然を楽しみながら、作業することができる。また、川から作業しているところを見ることができるため、観光客などの舟を利用した人々の景色ともなる。

Site3

〈憩いで集う〉

愛知県立岡崎商業高等学校と竜美丘会館の間に位置する。この付近の公共施設は先に述べた2つと、岡崎げんき館がある。多くの人が扱う憩いの場となることを目的とする。乙川を歩いている人はもちろんのこと、舟着場から来た人も利用できるようになっている。舟の上に乗ったままでも買い物ができる。露店には、伝馬通りや康生通り、オトリバーサイドテラスなどで扱っている商品を出す。イベント時には屋台などにも利用できる。多くの人やモノが交差し、賑わいを出すことを目指す。

ID091
静岡理工科大学
松井 心
Kokoro Matsui

Project

水に集う建築
― わたしたちのいるところ ―

乙川地域に昔から住んでいる人、新しく移ってきた人、市外から訪れる人、異なった時間や場所を経た人たちが一堂に集まれる空間を目指す。どこか自然の中を流れる川沿いを歩き、川を流れ、訪れる人たちの気持ちを楽しませる乙川空間をデザインする。

食のジャンクション

現状の卸売市場とトラック輸送が抱える問題を解決すべく提案する。
自動制御のモビリティーを導入することで、施設の自動化を図り、ドライバー等の人が行う作業量を減らす。また、食品の管理もモビリティーが行うことで、安全性を高めるとともに、従来の卸売市場では閉鎖的であったものを開口を設け、開放的な提案とする。

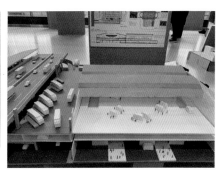

ID093
名古屋工業大学
榊原 知行
Tomoyuki Sakakibara

Project

食のジャンクション

トラックによる輸送が本格化したことで、ドライバーの労働環境の悪化が問題となっている。改善には、荷物の発着場においてロボットの導入だけでなく、建築的な工夫が重要であると考える。そこで、食品輸送の大半をトラックが担っていることから市場に自動運転のモビリティーを導入した、新たな市場及び輸送拠点の提案をする。

芽吹く まち薬場

役場×薬場

日常利用の場「役場」非日常体験の場「薬場」
を組み合わせた薬草体験発信施設を提案する

ID096

名古屋工業大学

大橋 毅志
Takeshi Ohashi

Project

芽吹くまち薬場

薬草文化の再興の動きがあるまちでは、地域住民にとって薬草がなじみのないため、薬草文化の再興に大きな障壁がある。そこでの薬草の体験型施設に地域住民の利用が考えられる「役場」の機能を組み合わせることによって、地域住民が日常利用で薬草を体験することができる施設を提案する。

会場マップ

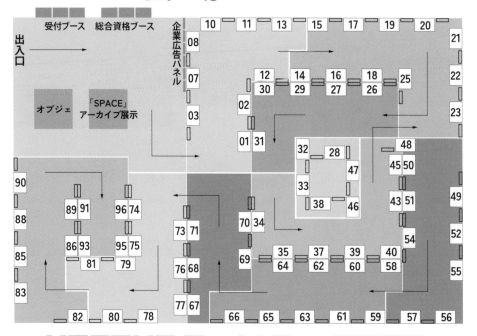

NAGOYA Archi Fes 2023

Backstage Document

NAGOYA Archi Fes 2023

活動内容紹介

NAGOYA Archi Fes 2023

実行委員会活動内容

中部卒業設計展を手掛けた NAGOYA Archi Fes 2023 実行委員は、中部建築界の活性化を理念に掲げており、それに向け学生の力で何ができるのかを考え、多岐に渡る活動を行っています。実行委員会はすべて学生の有志による団体で、今年度で10年目を迎えました。業界を盛り上げるべく行ったさまざまな活動の一部をご紹介します。

説明会

今年の NAF を一緒に盛り上げてくれたメンバーたちと出会いました。この1年をどのようにつくり上げていくのかを共有し、それに共感してくれた多くの学生が私たち NAGOYA Archi Fes 2023 を構成しま

第1回全体会

第1回全体会では、「飛騨の森でクマは踊る」（通称、ヒダクマ）の方にお越しいただき、広葉樹活用についてのレクチャーを行っていただきました。新メンバーが入って初めての全体会でしたがすぐに打ち解けることができました。

イラレフォトショ講座

名工大の修士の先輩をお呼びして、イラレとフォトショの講座を開きました。設計課題に使えるさまざまなテクニックを習得しました。

---

4 APRIL

6 JUNE

- 山西CAD体験会
- space 犬山工場見学

8 AUGUST

10 OCTOBER

- 写真コンペ開催
- ヒダクマコンペ審査会
- プロウッドスタイルフェア

12 DECEMBER
- 第2回全体会

2 FEBRUARY
- 第3回全体会

第2回全体会

「おかしなブリッジコンテスト」、「建築ヘキサゴン」。「建築伝言ゲーム」を行いました。日頃の知識を生かし、楽しく交流することができました。

お菓子の素材や構造を考えて
組み上げます

第3回全体会

ときには体を動かそうということでサッカー大会を行いました。普段細かい作業ばかりしている我々ですが、大きく体を動かし卒業設計展前最後にチーム力を高めることができました。

中部卒業設計展

NAGOYA　Archi Fes 2023 のメインイベントである中部卒業設計展が行われました。1年を通して活動した集大成となりました。数々の建築家、企業の皆様にお越しいただき、出展者・来場者を含め会場全体が活気にあふれていました。

最優秀賞

広報委員会　桂川岳大さん

審査員コメント

建築が実際に使われている風景を切り取っていて良いなと思った。子どもたちの活動や楽しそうな雰囲気が伝わってくる。透き通った空と子どもたちのシルエットのコントラストも素敵。

屋根や柱がなくても人の拠り所となれる、建築の自由さを感じた。子どもを集めていることから、このよく分からないものにも存在意義があり、使う人によってそのものの用途や価値が変わることが分かる。

写真コンペ

優秀賞

審査委員会　佐々木伶さん

◀審査員コメント
昔ながらの裏道に人の生活を感じる。右手にある衣料品店を眺める歩行者は近くの住人なのか、たまたま通っただけなのか。時間の流れが緩やかな印象。

審査員コメント▶
周辺に馴染む素材と三次元局面の屋根でできた外部と屋根下、ずれる屋根下空間の多層的なつながりを感じた。

デザイン委員会　加藤拓実さん

審査委員会　浅井大成さん

◀審査員コメント

ゴミ処理場そのもののかっこよさを見せる空間は工場に新たな価値を与えている。ガラスの奥にある植物からは対極にあるものが共存している面白さを感じた。

個人賞

広報委員会 加納若愛さん

田中賞　広報委員会
石原郁花さん

審査員コメント
奥に広がる公園がこの建築によって切り取られているような構図で、中心の緑が目を引く。建築と自然がうまく一枚に収まっている。

佐藤賞

審査委員会　山本明里さん

谷藤賞　審査委員会
川本七海さん

審査員コメント
周辺の木々がラーメンの伝統的な意匠の反映を強調し、一枚で古典と近代の両方を感じた。

審査員コメント
開口部が少ないモザイクタイルならではの画。暗い室内と晴れた外の対比。正方形の窓が印象的。

審査員コメント
合掌造りの家々は風景に馴染み、人が手を加えているからこそ自然と人間の活動の平衡が保たれていることが伝わってくる。

その他話題に上がった作品

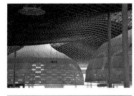

写真コンペとは？
NAF を運営する学生を対象に、建築に興味を持ってもらうことを目的としたコンペを開催しました。建築や景色を写した写真を Instagram と Google フォームに投稿してもらい、集まった約 100 作品の中から代表（谷藤）、副代表（印南、佐藤）、コンペ主催者（田中）の 4 人が審査を行い、特に良かったものを選出しました。

共同コンペ倶楽部

NAFに所属する建築学生がグループに分かれ外部のコンペに挑戦した。学部1〜3年が混ざり、3年生がリーダーとして、チームの方針を決めていく形で進めていった。案を進めていく中で、各チーム同士で中間発表を行い他のチームから意見をもらいながら完成へと向かっていった。

生活はグラデーション
〜家と職場の境界線を曖昧に〜

「生活はグラデーション」
谷藤拓海　三輪華菜子
秋田祐輝

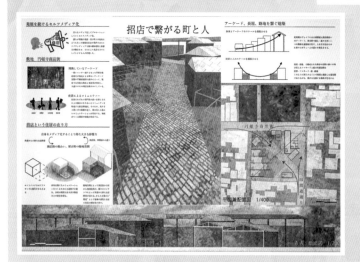

「招店で繋がる町と人」
印南学哉　生悦住香子
佐々木葵

「ずっと ずっと いっしょ」
服部廉　　岡本健汰
鈴木彩良　行時杏菜

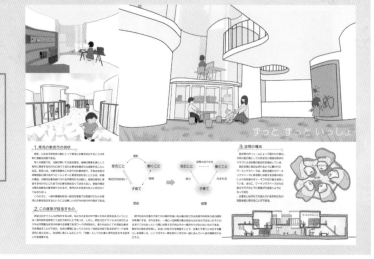

オブジェ班制作記録

オブジェ班では毎年、テーマを象徴する１つの形をつくり中部卒業設計展の会場に印象を与えます。今年は第10回という節目になる回であったのでより力を入れて考案しました。

NAF2023のテーマは『展開』。今年で第10(ten)回を迎えるNAFが、今後さらに大きな卒業設計展へと展開していき、卒業する学生の未来が展開していくといった意味を表しています。浮き上がる『展開』の文字の上には大小さまざまな箱を積み上げることで、第1回からの積み重ねによって第10回を迎えることができたことを表します。そして10段の足場が設置されていることで施工中であることを思わせ、これからも中部卒業設計展が築き上げられていくという願いを込めています。

スケジュール

9月

会議

メンバー全員でつくり上げた作品にすべく、会議ではみんなに集まって、多くの意見を出してもらいました。テーマをどう表現するかということをみんなで熟考しました。

11月

1月

2月

制作

年が明けると、制作はいよいよ本格的になってきました。制作途中でも想定と違ったり、うまくいかなかったりと壁にぶつかることもありましたが、工夫を凝らして乗り越えることができました。

3月

完成

前日ギリギリまで作業していましたが、完成したときはみんなでつくり上げたものが１つの形となって可視化され、とても達成感がありました。

当日

取り壊し

NAGOYA Archi Fes 2023 × Hidakuma

株式会社飛騨の森でクマは踊る様・
飛騨市役所様のご協力のもと、中部卒業
設計展10周年を記念し、岐阜県飛騨市の
「広葉樹の活用」を目的とした学生コンペ
を行いました。また、コンペを実施するに
あたり、大学の講義だけでは触れる機会
のない「広葉樹」の知識を深めるために、
コンペ参加者と共に飛騨市で合宿を
行いました。

── 見学合宿

広葉樹の新しい活用方法発見のため1泊2日の合宿を行いました。
広葉樹のまちづくりに取り組む岐阜県飛騨市に訪問し、広葉樹の森、土場や製材所など木材流通の現場、
広葉樹を活用した建築を見学しました。また、それぞれの現場で専門家にレクチャーを受けることで、
広葉樹を生かす建築・木工の技術に関する知識を深めることができました。

タイムスケジュール

1日目	
09:30	名工大 集合・出発
13:00	オープニング
14:10	匠文化会館見学
15:15	土場・製材所見学ツアー
16:15	ヒダクマ新拠点「森の端」見学
18:30	夕食
21:00	宿泊
2日目	
09:30	飛騨の森歩き
10:20	飛騨市産直市場「そやな」見学
12:00	昼食
13:00	中間発表
16:00	クロージング
19:00	名工大 到着・解散

-「森の端」見学-

広葉樹を用いたヒダクマの新オフィスに行き、
このオフィスがどのような経緯で作られたもの
なのかを聞くことで、広葉樹を実際に活用する
ことへのイメージを膨らませました。

-飛騨の森歩き-

岐阜県飛騨市にある森に、ヒダクマの職員の方と
共に入っていき、自生している広葉樹を実際に
見ながら広葉樹がどのように生えているのか、
また針葉樹との違いはどんなところにあるのかを
学びました。

-中間発表-

コンペの質を高めることを目的に、見学に行った
広葉樹の森、土場や製材所などで実際に働いている
方々をお招きし、自分たちの案を発表し、講評を
いただく中間発表を行いました。

― 公開審査会 ―

公開審査会では、岐阜県飛騨地域で広葉樹活用に取り組まれている建築家の澤秀俊様、木工家の渡辺圭様、事業者の松本剛様、行政担当者の竹田慎二様の計4名を審査員としてお招きし、作品の審査をしていただきました。審査会は、グループ審査とデスカッションの2段階で構成され、グループ審査・講評を経て、ファイナリストを選考しました。その後、ファイナリストと審査員全員でのディスカッションを経て、受賞者が選考されました。

タイムスケジュール

13:00~13:10	開会式
13:10~16:10	グループ審査
16:10~16:30	自由巡回+投票
16:30~17:50	ディスカッション
17:50~18:00	閉会式

-グループ審査-

審査員1人に対して出展者を割り振り、学生と審査員が一緒になって作品に対して講評を行いました。公聴する学生も積極的に講評に参加し、非常に内容の濃いものになりました。

-ディスカッション-

ファイナリストと審査員との間でディスカッション形式の審査を行いました。澤秀俊 様の提案によって急遽行われたものでしたが、審査会全体の質を大きく高めることができました。

― 受賞作品 ―

<最優秀賞>

「Mosaic Code」　岡本 健汰　恒川 紘範

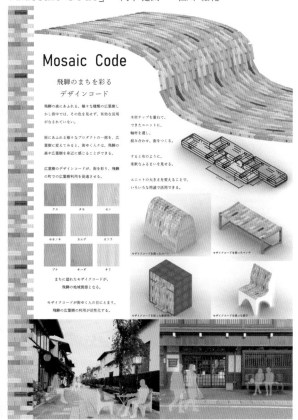

<優秀賞>

「CLT Arcade」　加藤 拓実　印南 学哉

「木漏れ日と記憶が差す」　永井 拓斗

NAGOYA Archi Fes 2023

株式会社 山西

2022 年 10 月 展示会

木材の新たな使い方を提案できないかということを最初の目標にかかげて今回の取り組みを開始しました。まずは木材を知ることから始まり、最終的には木を使ったインスタレーションとワークショップを行うことができました。たくさんの人に参加していただき多くのことを学ぶ機会となりました。

藤棚 Wood 〜木に包まれる体験を〜

すべての部材が端材で作られた展示物。チップになるはずだった木材たちに新たな活用方法を見出しました。普段体験することのできない自由曲面で作られた空間を体験することで建築の面白さや自由さを感じ取ってもらうことをコンセプトに制作しました。

木に願いを ワークショップ

学生がプレカットで作成した木の形をした造形物。訪れてもらった人たちに願いを書いた葉を差し込んでもらい、たくさんの人に参加していただきました。葉の部分は工場で出た合板をカットし再利用したものでできており、アートを通して木に触れる機会をつくることができました。

2023 年 5 月 展示会

10 月の展示で出た端材を再利用してモザイクアートを作成しました。アートの題材は今年WBC で活躍された野球選手の髙橋宏斗選手です。グリッドで配置した木の端材に隆起を付けつつニスでコーティングすることで完成度の高いものを制作することができました。

２０２３年もさまざまな制作を行う予定です。是非皆さん制作や展示に参加してください！　一緒に建築を盛り上げていきましょう。

明日が、笑顔になる空間を。

space

NAGOYA Archi Fes 2023

株式会社 SPACE 様との共同製作は、今年で5年目となりました。今年の共同製作では、今まで製作してきた什器を活用し、新たな什器へと再利用すること、中部卒業設計展当日以外でも活用できる什器を製作することを方針として進めていきました。

タイムスケジュール

- 8月　打ち合わせ・工場見学
- 12月　デザイン案検討

- 1月　試作品完成

- 3月　製作
- 中部卒業設計展

01　発案・デザイン案検討

SPACE 製作本部での打ち合わせでは、アルコール消毒液スタンドと NAF マーク型多機能キューブの製作を提案し、完成品のイメージを共有しながらデザイン案を検討していきました。

02　製作

消毒液スタンドの製作では、SPACE 制作本部にて出た端材の中から設計に合うものを選び、大きさを調節しながら木枠に乱張りしました。端材の準備や木枠の製作は、製作本部の方々の力をお借りしました。端材の大きさや張り方を考える作業には苦戦しましたが、完成したときには達成感を味わうことができました。

株式会社 SPACE の皆様との共同製作は、今年で5年目という節目を迎えることができました。株式会社 SPACE の皆様のおかげで、今年も学生のイメージの中のものをカタチにすることができました。今年は、今まで共同製作した什器も会場のいたるところに設置し、NAF×SPACE の5年間の活動を振り返ることができました。

NAGOYA Archi Fes 2023　中部卒業設計展 学生実行委員会

役職	氏名	所属	備考
NAF代表	谷藤拓海	名古屋工業大学(3年)	審査委員会
NAF副代表	印南学哉	名古屋工業大学(3年)	審査委員会
	佐藤杏香	名古屋工業大学(3年)	会計、渉外委員会
会場委員会	服部廉	名古屋工業大学(3年)	委員長
会場委員会 設営運送班	高橋萌	名古屋工業大学(3年)	班長
	秋山虎太朗	中部大学(3年)	
	石川拓弥	中部大学(3年)	
	石川風大	名城大学(3年)	
	林実里	名古屋女子大学(3年)	
	中野葵	名古屋工業大学(2年)	
	石黒航太	名古屋工業大学(2年)	
	里見拓哉	名古屋工業大学(2年)	
	花村凜太郎	名古屋工業大学(2年)	
	岩橋茉白	名古屋市立大学(1年)	
	堀内けな	名古屋市立大学(1年)	
	岡山莉呼	愛知淑徳大学(1年)	
	難波周佑	名古屋工業大学(1年)	
	竹内萌華	愛知淑徳大学(1年)	
	青井咲都	愛知淑徳大学(1年)	
	堀口颯太	名城大学(1年)	
	越智恵	名古屋市立大学(1年)	
	藤村省吾	中部大学(1年)	
	吉川世雄	愛知淑徳大学(1年)	
	蜷川凜	愛知淑徳大学(1年)	
	木野村綾音	愛知淑徳大学(1年)	
会場委員会 演出班	加藤丈太郎	名古屋市立大学(2年)	班長
	今井稜太郎	名古屋市立大学(3年)	
	和田彩華	名古屋工業大学(3年)	
	安江志乃	名城大学(2年)	
	神戸香澄	名城大学(2年)	
	藤岡学人	名古屋工業大学(2年)	
	白石愛佳	名城大学(2年)	
	鬼頭未紗	愛知工業大学(2年)	
	原川優佳	愛知工業大学(2年)	
	石黒遥風	愛知工業大学(2年)	
	藤田優心	愛知工業大学(2年)	
会場委員会 オブジェ班	田浦成昭	名古屋工業大学(3年)	班長
	佐々木伶	名古屋市立大学(3年)	
	渡辺愛菜	名古屋工業大学(3年)	
	野村拳斗	名古屋市立大学(3年)	
	佐藤芹南	名古屋工業大学(3年)	
	岡本歩睦	大同大学(3年)	
	伴拓実	名城大学(2年)	
	野田凌平	名城大学(2年)	
	伊藤愛恵	名古屋工業大学(2年)	
	岩田峻聖	名古屋工業大学(2年)	
	成田一真	名古屋工業大学(2年)	
	權田結衣	中部大学(2年)	
	永瀬友貴	名城大学(2年)	
	春日井菜那	名城大学(2年)	
	北垣友里愛	名城大学(2年)	
	加藤優貴	名古屋工業大学(1年)	
	土本泰誠	名古屋工業大学(1年)	
	榎本裕菜	名古屋工業大学(1年)	
	稲葉花林	名古屋工業大学(1年)	
	青木楓奈	金城学院大学(1年)	
	中垣陽登	名古屋工業大学(1年)	
	藤村省吾	中部大学(1年)	
	須釜直哉	中部大学(1年)	
	中岫聖	中部大学(1年)	
	村林愛斗	名城大学(1年)	
	水谷隼也	名古屋工業大学(1年)	
	志水水樹	静岡理工科大学(1年)	
審査委員会	山本明里	名古屋市立大学(3年)	委員長
	川本七海	名古屋市立大学(3年)	副委員長
	塚本光郁	名古屋市立大学(3年)	
	中村百花	名古屋市立大学(3年)	
	山村佳澄	名古屋市立大学(3年)	
	杉山未来	名古屋造形大学(3年)	

役職	氏名	所属	備考
	藤田亮太郎	静岡理工科大学(3年)	
	牧田実夕	静岡理工科大学(3年)	
	林来美	名古屋造形大学(3年)	
	池田裕大郎	名城大学(2年)	
	吉川瑞乃	名古屋市立大学(2年)	
	浅井大成	名古屋市立大学(2年)	
	石川凌司	名古屋工業大学(2年)	
	南谷篤	名古屋工業大学(2年)	
	山内友実	名古屋工業大学(2年)	
	小林千輝	名古屋工業大学(2年)	
	加納千聖	愛知工業大学(2年)	
	横山知佳	愛知工業大学(2年)	
	城野雅貴	名城大学(2年)	
	牧美里	名古屋工業大学(2年)	
	池戸梨乃	名城大学(2年)	
	土屋瑠花	名古屋工業大学(2年)	
	伊藤未結	名城大学(2年)	
	家田桃花	名城大学(2年)	
	甲斐百恵	名城大学(2年)	
	山本匠	名古屋工業大学(2年)	
	山田琢馬	愛知工業大学(2年)	
	犬丸丈也	愛知工業大学(2年)	
	細江杏里	愛知淑徳大学(1年)	
	田村彩乃	愛知淑徳大学(1年)	
	下平知穂	名古屋工業大学(1年)	
	大下玲奈	中部大学(1年)	
	荒木啓克	中部大学(1年)	
	石井善貴	中部大学(1年)	
	鈴木颯真	中部大学(1年)	
	小川岬輝	名古屋工業大学(1年)	
	柴田菜緒	愛知淑徳大学(1年)	
	山本莉紗	名古屋工業大学(1年)	
	内藤乃麻	名古屋工業大学(1年)	
	武藤玄樹	名古屋工業大学(1年)	
広報委員会	中村優太	名古屋工業大学(2年)	委員長
	桂川岳大	名古屋工業大学(2年)	副委員長
	井上布乃香	名古屋工業大学(3年)	
	川野七海	名古屋工業大学(3年)	
	田中千裕	名古屋工業大学(3年)	
	杉浦陽香	名古屋工業大学(3年)	
	稲葉洋人	静岡理工科大学(3年)	
	又平竜樹	静岡理工科大学(3年)	
	榎坂太希	静岡理工科大学(3年)	
	石原郁花	名古屋工業大学(2年)	
	加納若愛	名古屋工業大学(2年)	
	柴田樹	名古屋工業大学(2年)	
	仲真美	名古屋工業大学(2年)	
	南和	中部大学(2年)	
	福田有生	愛知工業大学(2年)	
	森山幸咲	名古屋工業大学(1年)	
	村上明寛	名古屋工業大学(1年)	
	板谷真広	名古屋工業大学(1年)	
	岩佐洋太	名古屋工業大学(1年)	
	常陸大河	名古屋工業大学(1年)	
	石黒有志	名古屋工業大学(1年)	
	吉川世雄	愛知淑徳大学(1年)	
	蜷川凜	愛知淑徳大学(1年)	
	長瀬歩	名古屋大学(2年)	
デザイン委員会	加藤拓実	名古屋工業大学(3年)	委員長
	前島あこ	中部大学(3年)	副委員長
	岡田梨里亜	名古屋工業大学(3年)	
	岡本健汰	名古屋工業大学(3年)	
	加藤優童	名古屋工業大学(3年)	
	森下あゆ	名古屋工業大学(3年)	
	鵜崎悠李	名古屋工業大学(2年)	
	芝沼聖奈	名古屋工業大学(2年)	
	古田舞	名古屋工業大学(2年)	
	北村穂乃香	名古屋工業大学(2年)	
	跡田有花	中部大学(2年)	

	目時瑞季	中部大学(2年)	
	伊藤航生	愛知工業大学(2年)	
	勝谷采音	名城大学(2年)	
	澤田明里	名城大学(2年)	
	古西翔	名城大学(2年)	
	米林風月	名古屋市立大学(1年)	
	花岡敬太	名古屋市立大学(1年)	
	松本吉旦	名古屋市立大学(1年)	
	山口想	名古屋工業大学(1年)	
	坂本悠	名古屋工業大学(1年)	
	白坂祥史起	名古屋工業大学(1年)	
	菱沼瑛	名古屋工業大学(1年)	
	柳周吾	名古屋工業大学(1年)	
	行時杏菜	名城大学(1年)	
	本多一貴	中部大学(1年)	
	二村絵里奈	中部大学(1年)	
	小林健仁	愛知淑徳大学(1年)	
	中林啓次郎	愛知淑徳大学(1年)	
渉外委員会	鈴木道郎	名古屋工業大学(3年)	委員長
	森下彩里	名古屋工業大学(3年)	副委員長
	田尻翔梧	名古屋工業大学(2年)	
	神山歩	名古屋工業大学(2年)	
	水谷仁映	名古屋工業大学(2年)	
	三輪華菜子	名古屋工業大学(2年)	
	生悦住香子	名城大学(2年)	
	都筑康介	名古屋工業大学(2年)	
	西牟田千優	名古屋工業大学(2年)	
	井出快人	名古屋工業大学(2年)	
	藤原莉子	中部大学(1年)	
	鈴木一眞	名古屋工業大学(1年)	
	浪崎巧己	名古屋工業大学(1年)	
	川本柚	中部大学(1年)	
	赤星夏希	中部大学(1年)	
	篠原智	名古屋工業大学(2年)	

ものづくり委員会	宮崎竜熙	名古屋工業大学(3年)	委員長
	山本凌久	名古屋工業大学(3年)	副委員長
	山下寛汰	名古屋工業大学(3年)	
	阿部莉々子	名古屋工業大学(2年)	
	小林日和	名古屋工業大学(2年)	
	古西翔	名城大学(2年)	
	山田康平	愛知工業大学(2年)	
	安田匠	愛知工業大学(2年)	
	高山央羅	愛知工業大学(2年)	
	石川陽之樹	愛知淑徳大学(1年)	
	秋田祐輝	名古屋市立大学(1年)	
	清水幹太	名古屋工業大学(1年)	
	神野美央	名古屋市立大学(1年)	
	伊藤光希	中部大学(1年)	
	田中豪二郎	中部大学(1年)	
	中村空	中部大学(1年)	

どこにも真似ができない建築会社

工務店の自由性の高さ、設計事務所のデザイン力、
そしてハウスメーカーの安心感。
これらの強みを、クラシスホームは兼ね備えています。

設計からデザイン、建築、インテリアからその先の暮らしまで、
お客様の生活にまつわる全てをトータルコーディネート。

こうしたどこにも真似できない"いいとこどり"ができること、
それがクラシスホームの強みです。

CLASIS HOME

〈募集職種〉
ホームアドバイザー（営業）
ホームエンジニア（現場監督）
プランナー（営業設計）
実施設計（法規・構造）
インテリアコーディネーター
エクステリアプランナー（外構）
カスタマーサービス（アフターメンテナンス）

注文住宅施工棟数
東海**4**県
6年連続
No.1
2016-2021年度

※愛知県・静岡県・三重県・岐阜県に本社を置くビルダー
※建築条件付き土地での注文住宅除く （株）住宅産業研究所調べ

私を育ててくれた街に、
私は何ができるだろう。

私たち矢作建設工業は1949年の創業以来、
この地域の街づくりにずっと携わってきました。
街をつくることは、未来を育てること。
あなたが生まれ育った街の未来を、
今度は私たちと一緒につくっていきませんか。

~行政と連携した駅前再開発~
当社施工／「太田川駅前再開発」

~街の活性化につながるプロジェクト~
当社施工／「IKEA長久手」

~工業団地の開発~
当社施工／「磐田市下野辺工業団地」

矢作建設工業株式会社
YAHAGI

活力ある社会をめざして

株式会社 類設計室

おかげさまで
50周年

NAGOYA
Archi Fes
2023

NAGOYA Archi Fes 2023
協 賛 企 業 一 覧 (50 音順・敬称略)

アサヒグローバルホーム 株式会社	戸田建設 株式会社
株式会社 梓設計	飛島建設 株式会社
株式会社 エサキホーム	トランスコスモス 株式会社
株式会社 NJS	内藤建設 株式会社
株式会社 大林組	中村建設 株式会社
金子工業 株式会社	株式会社 日建設計
岐建 株式会社	公益社団法人 日本建築家協会 東海支部
クラシスホーム 株式会社	公益社団法人 日本建築家協会 東海支部 愛知地域会
株式会社 鴻池組	株式会社 波多野工務店
清水建設 株式会社	株式会社 福田組
スターツCAM 株式会社	株式会社 洞口
株式会社 鷲見製材 ひだまりほーむ	株式会社 宮崎工務店
株式会社 ソネック	株式会社 三和木
タナカアーキテクト 株式会社	株式会社 盛本構造設計事務所
株式会社 田中綜合設計	矢作建設工業 株式会社
大豊建設 株式会社	株式会社 ユーエス計画研究所
株式会社 TKアーキテクト	株式会社 類設計室
東建コーポレーション 株式会社	

特別協賛：株式会社 総合資格

他の追随を許さない唯一無二の「講習システム」と「合格実績」

令和4年度 **1級建築士** 学科・設計製図試験

[令和4年度 学科＋設計製図]
全国ストレート合格者占有率 No.1 57.9%

全国ストレート合格者 **1,468名中** ／ 当学院当年度受講生 **850名**

他講習利用者＋独学者 ／ 当学院当年度受講生

令和4年度 **1級建築士** 設計製図試験 卒業学校別実績（合格者数上位10校）

右記学校卒業生
当学院占有率

58.1%

右記学校出身合格者 807名中／
当学院当年度受講生 469名

	学校名	卒業合格者数	当学院受講者数	当学院占有率		学校名	卒業合格者数	当学院受講者数	当学院占有率
1	日本大学	149	91	61.1%	6	工学院大学	63	48	76.2%
2	東京理科大学	123	67	54.5%	7	明治大学	60	34	56.7%
3	芝浦工業大学	96	62	64.6%	8	法政大学	56	33	58.9%
4	早稲田大学	79	36	45.6%	9	神戸大学	55	28	50.9%
5	近畿大学	74	46	62.2%	10	千葉大学	52	24	46.2%

※当学院のNo.1に関する表示は、公正取引委員会「No.1表示に関する実態調査報告書」に基づき掲載しております。　※総合資格学院の合格実績には、模擬試験のみの受験生、教材購入者、無料の各種サービス提供者、過去受講生は一切含まれておりません。　※全国ストレート合格者数・卒業学校別合格者数は、（公財）建築技術教育普及センター発表に基づきます。　※学科・製図ストレート合格者とは、令和4年度1級建築士学科試験に合格し、令和4年度1級建築士設計製図試験にストレートで合格した方です。　※卒業学校別実績について総合資格学院の合格者数には、「2級建築士」等を受験資格として申し込まれた方も含まれている可能性があります。（令和4年12月26日現在）

 総合資格学院

東京都新宿区
西新宿1-26-2
新宿野村ビル22階
TEL.03-3340-2810

スクールサイト
www.shikaku.co.jp 総合資格 検索

コーポレートサイト
www.sogoshikaku.co.jp

令和4年度
2級建築士 学科試験

当学院基準達成
当年度受講生
合格率
95.0%
全国合格率
42.8%に対して

8割出席・8割宿題提出・総合模擬試験正答率6割達成
当年度受講生498名中／合格者473名〈令和4年8月23日現在〉

令和5年度
1級建築施工管理技術検定 第一次検定

当学院基準達成
当年度受講生
合格率
90.6%
全国合格率
41.6%に対して

8割出席・8割宿題提出
当年度受講生255名中／合格者231名〈令和5年7月14日現在〉

建設業界・資格のお役立ち情報を発信中！
X(Twitter) ⇒「@shikaku_sogo」 **LINE** ⇒「総合資格学院」
Instagram ⇒「sogoshikaku_official」で検索！

開講講座 | 1級・2級 建築士／建築・土木・管工事施工管理／宅建士／インテリアコーディネーター／建築設備士／賃貸不動産経営管理士

法定講習 | 一級・二級・木造建築士定期講習／管理建築士講習／第一種電気工事士定期講習／監理技術者講習／宅建登録講習／宅建登録実務講習

NAGOYA Archi Fes 2023

中部卒業設計展

2023年9月22日　初版発行

編　著　NAGOYA Archi Fes 2023 中部卒業設計展実行委員会
発行人　岸 和子
発行元　株式会社 総合資格
　　　　〒163-0557　東京都新宿区西新宿1-26-2　新宿野村ビル22F
　　　　TEL 03-3340-6714（出版局）
　　　　株式会社 総合資格　http://www.sogoshikaku.co.jp
　　　　総合資格学院　　　https://www.shikaku.co.jp
　　　　出版サイト　　　　https://www.shikaku-books.jp

編　集　　　　　　　　　　木村文香、鬼頭英治（株式会社 エディマート）
執　筆　　　　　　　　　　NAGOYA Archi Fes 2023 中部卒業設計展実行委員会
アートディレクション　　　佐藤美咲（株式会社 エディマート）
デザイン　　　　　　　　　佐藤美咲（株式会社 エディマート）、田中農（CoroGraphics）、
　　　　　　　　　　　　　NAGOYA Archi Fes 2023 中部卒業設計展実行委員会
撮　影　　　　　　　　　　加納将人、NAGOYA Archi Fes 2023 中部卒業設計展実行委員会
編集協力　　　　　　　　　竹谷繁（株式会社 総合資格 学校法人部）、金城夏水（株式会社 総合資格 出版局）

印刷・製本　　　　　　　　セザックス 株式会社